MAURITIUS REISEFÜHRER 2025-2026

Der ultimative Reiseführer zu den besten Attraktionen, versteckten Stränden und einzigartigen lokalen Aktivitäten auf Mauritius mit Insidertipps

Karl H. Brenner

Mauritius Reiseführer 2025-2026

INHALTSVERZEICHNIS

Gabriel Island
Gunner's Quoin
Grand Baie
Port Louis
Central Flacq
MOKA DISTRICT
Flic En Flac Beach
Île aux Cerfs
RIVIÈRE NOIRE DISTRICT
Mahebourg
Le Morne
Blue Bay
La Vanille Nature Park

VORWORT DES AUTORS

Was wäre, wenn ich dir das sagen würde**Mauritius ist nicht nur ein tropisches Inselparadies**, sondern ein Land der**fesselnde Geschichten, reiche Geschichte und vielfältige Kulturen**warten darauf, erkundet zu werden? Mauritius ist mehr als seine unberührten Strände und kristallklares Wasser; es ist ein Ort, wo die**Essenz des Indischen Ozeans, der Puls jahrhundertealter Traditionen**und die Energie seiner Menschen vereinen sich zu einem**lebendiges und unvergessliches Erlebnis**.

Ich heiße Karl H. Brenner, und ich hatte das Privileg, die Welt zu erkunden, aber es hat etwas einzigartig Magisches an sich**Mauritius**das mein Herz vom ersten Besuch an eroberte. Was als Suche nach dem Paradies begann, verwandelte sich schnell in eine tiefere Verbindung mit der Seele der Insel.**Ich bin an seinen ruhigen, sonnendurchfluteten Stränden spazieren gegangen, habe seine geschäftigen Märkte erkundet**und wagten uns durch die Berge und Zuckerrohrfelder – jedes Erlebnis unterstreicht, dass Mauritius mehr als nur ein Reiseziel ist; es ist ein Ort, an dem jede Ecke eine Geschichte erzählt, und jede Geschichte hat die Insel zu dem gemacht, was sie heute ist.

Ich bin ehrlich zu Ihnen –**Ich war an vielen wunderschönen Orten auf der Welt, aber auf Mauritius fühle ich mich wie zu Hause.**Es ist das ruhige, aufrichtige Lächeln der Einheimischen; es ist der endlose Horizont, wo der Ozean auf den Himmel trifft; es ist die unausgesprochene Geschichte, die in den Straßen von Port Louis und den Gewürzfarmen des Südens geschrieben steht.**Dies ist eine Insel, auf der Vergangenheit und Gegenwart im Einklang miteinander tanzen und auf der Sie die Einflüsse der indischen, afrikanischen, chinesischen und europäischen Kultur in Ihrem Essen schmecken können.**Es ist eine Insel, die die Menschen nicht nur besuchen – sie gehören dorthin.

Was Sie in Ihren Händen halten, ist nicht nur ein Reiseführer – es ist ein Stück meiner Reise.**Ich möchte Sie über die typischen Touristenattraktionen hinausführen und Ihnen das Mauritius zeigen, das ich kennen und lieben gelernt habe.**In diesem Buch geht es nicht nur um Orte auf einer Karte; es geht um den Puls von Mauritius – die Orte, die die meisten Besucher verpassen, und die Erlebnisse, die diese Insel unvergesslich machen.

Auf diesen Seiten finden Sie:

1. **Verborgene Schätze**– Von einsamen Stränden bis zur unberührten Schönheit der Dörfer im Landesinneren führe ich Sie zu den Orten, die Mauritius zu Ihrem privaten Paradies machen – Orte, die ich persönlich erkundet habe und an die ich Jahr für Jahr zurückkehre.

2. **Authentische Begegnungen**– Im Laufe der Jahre habe ich dauerhafte Freundschaften mit den Menschen auf Mauritius geschlossen. In diesem Reiseführer geht es nicht nur um Sehenswürdigkeiten – es geht darum, die

Einheimischen kennenzulernen, ihre Geschichten zu hören und Mauritius so zu erleben, wie sie es tun.

3. **Gastronomische Genüsse**– Eine der größten Freuden der Insel ist ihr Essen.**Ich habe unzählige Stunden auf lokalen Märkten verbracht, den frischesten Fisch in winzigen Strandhütten probiert**und saßen in familiengeführten Küchen, in denen mit Liebe würzige Currys zubereitet werden. Ich verrate Ihnen meine Lieblingsorte, an denen Sie die Aromen von Mauritius genauso genießen können wie ich.

4. **Einblicke in nachhaltiges Reisen**– Ich habe mich in diese Insel verliebt und fühle eine tiefe Verantwortung, ihre zerbrechliche Schönheit zu schützen. In diesem Reiseführer erkläre ich Ihnen, wie Sie Mauritius genießen können, ohne die Umwelt zu gefährden und die Menschen zu unterstützen.

5. **Historische Juwelen**– Die Geschichte von Mauritius ist eng mit den Geschichten von Entdeckern, Händlern und Revolutionären

verwoben. Wenn Sie durch die alten Straßen von Port Louis schlendern oder eine Reise zu den Gewürzplantagen unternehmen, die die Wirtschaft der Insel ausmachten, spüren Sie die Last der Vergangenheit auf Schritt und Tritt.

Dieser Reiseführer ist eine Einladung, Mauritius auf eine Weise zu erleben, die nur wenige jemals erleben. Ob Sie durch dichte Wälder wandern, Speisen genießen, die es nirgendwo sonst gibt, oder einen Moment der Stille in einem örtlichen Tempel verbringen,**Mauritius wird Ihnen für immer in Erinnerung bleiben – so wie es mir in Erinnerung geblieben ist.**

Sind Sie bereit, Mauritius jenseits der Postkartenbilder zu sehen? Dieser Reiseführer führt Sie zu**verborgene Schätze, die unvergesslichen Momente und die Geschichten**das Ihnen noch lange nach Ihrer Abreise von der Insel in Erinnerung bleiben wird.

Karl H. Brenner

Reiseautor|Maurice Experte|Lokaler Insider

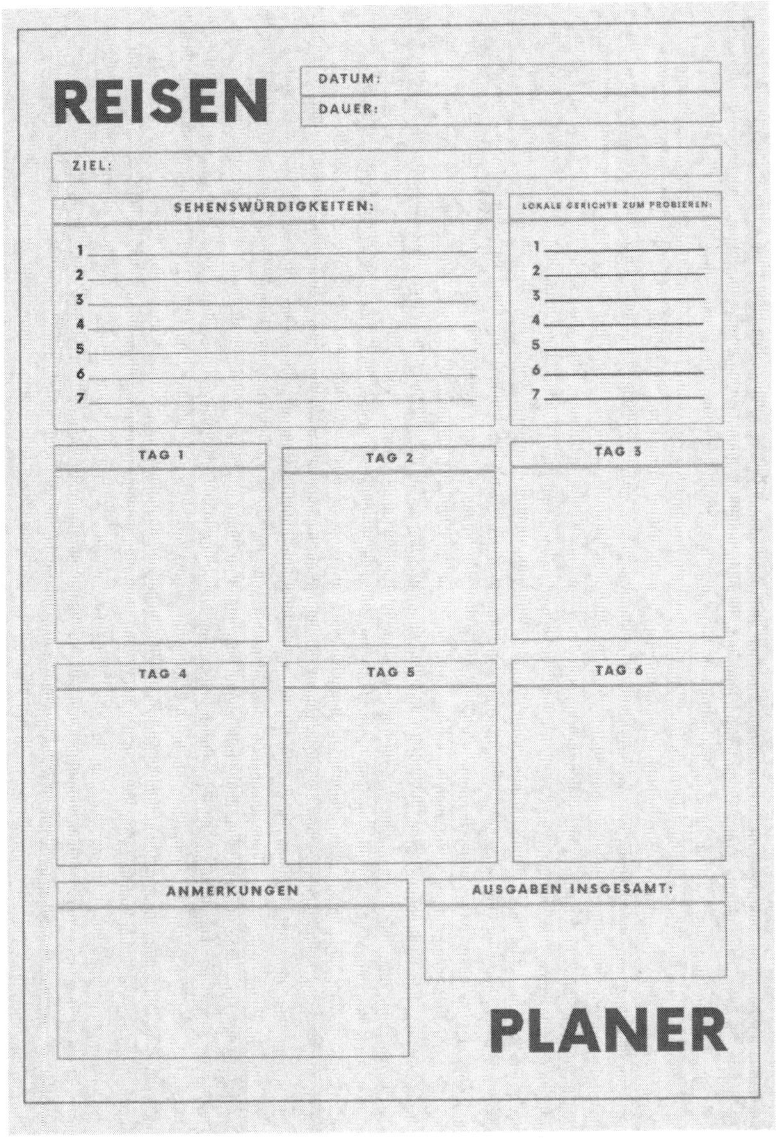

REISEN

DATUM:

DAUER:

ZIEL:

SEHENSWÜRDIGKEITEN:

1
2
3
4
5
6
7

LOKALE GERICHTE ZUM PROBIEREN:

1
2
3
4
5
6
7

TAG 1

TAG 2

TAG 3

TAG 4

TAG 5

TAG 6

ANMERKUNGEN

AUSGABEN INSGESAMT:

PLANER

Einführung

Willkommen auf Mauritius

Mauritius, eine Vulkaninsel im Indischen Ozean, ist ein wahres Zeugnis natürlicher Schönheit, kulturellen Reichtums und historischer Tiefe. Rund 2.000 Kilometer vor der Südostküste Afrikas gelegen, erstreckt sich die 2.040 km^2 große Insel über eine ideale Mischung aus ruhigen Stränden, üppigen Wäldern und faszinierenden Landschaften. Umgeben von über 150 Kilometern unberührten weißen Sandstränden und dem drittgrößten Korallenriff der Welt ist Mauritius ein Paradies für Strandliebhaber und Meeresliebhaber.

Geografische Übersicht

Mauritius bietet weit mehr als nur eine malerische Küste. Seine vulkanischen Ursprünge haben eine dramatische Landschaft mit hohen Gipfeln, ausgedehnten Regenwäldern und malerischen Wasserfällen geschaffen. Die natürliche Schönheit der Insel geht über die Strände hinaus: Der Black River Gorges Nationalpark bietet mit seinen dichten Wäldern ein beeindruckendes Erlebnis, und die majestätischen Chamarel-Wasserfälle stürzen durch leuchtend grüne Täler. Der heilige Grand Bassin See, ein von Hindus verehrter Ort, bietet eine ruhige Kulisse inmitten üppiger Natur. Mit diesen abwechslungsreichen Landschaften ist Mauritius ein Paradies für Naturliebhaber, egal ob sie Abenteuer oder Ruhe suchen.

Kultureller Wandteppich

Mauritius ist ein Schmelztiegel der Kulturen, geprägt von seiner reichen Geschichte indischer, afrikanischer, chinesischer und europäischer (vor allem französischer) Einflüsse. Die kulturelle Vielfalt der Insel ist in jeder Ecke spürbar, von den Festen und der Küche bis hin zu den auf den Straßen gesprochenen Sprachen. Besucher erleben eine Vielzahl von Traditionen, die nahtlos miteinander verschmelzen, mit den leuchtenden Farben von Diwali, der Musik von Sega und der verlockenden Fusion indischer, afrikanischer und europäischer Aromen in den lokalen Gerichten. Diese multikulturelle Atmosphäre erweckt die Insel zum Leben und bietet jedem Reisenden ein wahrhaft einzigartiges Erlebnis.

Herzliche Gastfreundschaft

Was Mauritius noch einzigartiger macht, ist die Herzlichkeit seiner Bewohner. Die Einheimischen sind für ihre Freundlichkeit und Gastfreundschaft bekannt und geben

Besuchern das Gefühl, zu Hause zu sein. Die friedliche Atmosphäre der Insel, gepaart mit politischer Stabilität und Sicherheit, runden das Gesamterlebnis ab. Ob beim Bummeln durch geschäftige Märkte oder beim Entspannen am Strand – die Gastfreundschaft der Mauritier ist überall spürbar und schafft eine Atmosphäre der Entspannung und des Wohlbefindens für alle Besucher.

Die 10 besten Aktivitäten auf Mauritius

Wandern Sie durch den majestätischen Black River Gorges Nationalpark

Wenn Sie die Natur lieben, ist der Black River Gorges Nationalpark das Herzstück der unberührten Schönheit von Mauritius. Stellen Sie sich vor, Sie wandern durch dichte Wälder, vorbei an atemberaubenden Wasserfällen und über schroffe Pfade und genießen dabei die atemberaubende Aussicht. Halten Sie Ausschau nach einigen der seltensten Wildtiere der Insel, darunter dem scheuen Mauritiusfalken. Ein Paradies für Abenteurer und Naturliebhaber gleichermaßen.

Genießen Sie die Schönheit der Strände von Le Morne

Le Morne bietet nicht nur idyllischen weißen Sand und türkisfarbenes Wasser – es ist ein UNESCO-Weltkulturerbe mit einer reichen Geschichte. Im Schatten des Berges Le Morne Brabant können Sie am Strand entspannen, im kristallklaren Wasser schwimmen oder sich im aufregenden Kitesurfen versuchen. Es ist der perfekte Ort für alle, die Schönheit und Abenteuer zugleich suchen.

Schnorcheln Sie im kristallklaren Wasser des Blue Bay Marine Park

Die Gewässer des Blue Bay Marine Parks sind ein Paradies für Schnorchler. Tauchen Sie ein in dieses Unterwasserparadies, in dem farbenfrohe Korallenriffe und verspielte Fische eine faszinierende Unterwasserwelt schaffen. Egal, ob Sie zum ersten Mal tauchen oder bereits erfahren sind – dieses Meeresparadies sollten Sie sich nicht entgehen lassen.

Machen Sie eine Zeitreise am Aapravasi Ghat

Aapravasi Ghat, ein UNESCO-Weltkulturerbe, führt Sie tief in die Vergangenheit von Mauritius. Hier begann die Geschichte der Insel als wichtiger Umschlagplatz für Vertragsarbeiter. Bei einem Spaziergang durch die erhaltenen Ruinen erhalten Sie einen Einblick in die Kämpfe und Triumphe, die die vielfältige Kultur der Insel geprägt haben. Als Ort der Besinnung und des Lernens ist es ein eindrucksvolles Stück mauritischer Geschichte.

Genießen Sie frischen Tee auf der Bois Chéri Plantage

Mauritius ist nicht nur für seine Strände, sondern auch für seine üppigen Teeplantagen bekannt. Bois Chéri, eine der ältesten Teeplantagen der Insel, bietet eine faszinierende Tour an, bei der Sie erfahren, wie der Tee der Insel angebaut, verarbeitet und perfekt gebrüht wird. Beenden Sie Ihren Besuch mit einer entspannenden Teeverkostung und genießen Sie die spektakuläre Aussicht auf die umliegenden Hügel und das Grün.

Segeln Sie zur unberührten Île aux Cerfs

Steigen Sie in ein Boot und fahren Sie zur Île aux Cerfs, einer Insel, die wie geschaffen für eine Postkarte ist. Mit ihren weichen Sandstränden, dem kristallklaren Wasser und den ruhigen Lagunen ist sie ein Paradies zum Entspannen, Grillen oder für Adrenalin pur beim Wassersport. Ob Schnorcheln, Parasailing oder einfach nur Entspannen – sie ist ein absolutes Muss für jeden Reisenden.

Finden Sie Frieden am Grand Bassin, dem Heiligen See

Im Herzen der Insel gelegen, ist Grand Bassin (Ganga Talao) ein heiliger Ort für Mauritier, insbesondere für Hindus. Das ruhige Wasser und die umliegenden Tempel schaffen eine friedliche Atmosphäre, die zum Nachdenken einlädt. Es ist außerdem einer der malerischsten Orte der Insel, umgeben von grünen Hügeln und mit riesigen Statuen hinduistischer Gottheiten.

Bewältigen Sie die Wanderwege auf dem Berg Le Pouce

Bereit für eine kleine Herausforderung? Der Berg Le Pouce bietet eine mittelschwere Wanderung, aber die Belohnung ist jeden Schritt wert. Oben angekommen, bietet sich Ihnen ein Panoramablick über die Insel – ihre Berge, Täler und die Küste, die sich unter Ihnen ausbreiten. Ein atemberaubender Ausblick, der die Mühe wert ist – perfekt für Abenteurer und Fotografen gleichermaßen.

Tauchen Sie ein in die Kultur von Port Louis

Mauritius' Hauptstadt Port Louis ist eine lebendige Mischung aus Alt und Neu. Schlendern Sie durch die belebten Straßen, feilschen Sie auf dem farbenfrohen Caudan Waterfront Market oder nehmen Sie sich Zeit, um im Blue Penny Museum die reiche Geschichte der Stadt zu erkunden. Es gibt keinen besseren Ort, um die Energie, Kultur und Geschichte der Insel in einem zu erleben.

Genießen Sie lokale Aromen auf den Märkten

Keine Reise nach Mauritius ist komplett, ohne die vielfältige und köstliche Küche der Insel zu genießen. Die lokalen Märkte – wie die in Curepipe oder Quatre Bornes – sind ein Fest für die Sinne. Ob Sie einen schnellen Happen „Dholl Puri" (ein köstliches Fladenbrot) essen, exotische Früchte kaufen oder sich in die würzigen Currys stürzen – die Aromen von Mauritius werden Ihnen noch lange nach Ihrem Besuch in Erinnerung bleiben.

Die häufigsten Fragen zu Mauritius

1. **Wann ist die beste Reisezeit für Mauritius?**

   Die ideale Reisezeit ist von**Mai bis Dezember**, wenn das Wetter mild und angenehm ist. Die Sommermonate (Januar bis März) sind wärmer und können regnerisch sein, aber die Insel ist das ganze Jahr über wunderschön.

2. **Benötige ich ein Visum, um Mauritius zu besuchen?**

   Die meisten Reisenden, einschließlich derjenigen aus den USA, Großbritannien und der EU, benötigen kein Visum für Aufenthalte bis zu**60 Tage**Informieren Sie sich jedoch vor Reiseantritt immer über die aktuellen Einreisebestimmungen für Ihre Nationalität.

3. **Welche Währung wird auf Mauritius verwendet?**

   Der **Mauritius-Rupie (MUR)**ist die offizielle Währung, in Touristengebieten werden jedoch häufig auch US-Dollar und Euro akzeptiert. Geldautomaten sind weit verbreitet.

4. **Welche Sprache wird auf Mauritius gesprochen?**

   Die offizielle Sprache ist**Englisch**, Aber **Kreolisch**wird von den Einheimischen häufig gesprochen.**Französisch**wird auch häufig in der täglichen Kommunikation verwendet, insbesondere in Geschäften und Restaurants.

5. **Ist es sicher, nach Mauritius zu reisen?**

Ja, Mauritius gilt allgemein als**sicheres Ziel**für Touristen. Wie bei jedem Reiseziel ist es immer am besten, auf die Umgebung zu achten und Wertsachen sicher aufzubewahren.

6. **Welche Gerichte muss man auf Mauritius unbedingt probieren?**

   Mauritius bietet eine Mischung aus**Indische, afrikanische, französische und chinesische**Einflüsse. Verpassen Sie nicht lokale Gerichte wie**Puri-Puppe**,**brot**, Und **frische Meeresfrüchte**. Probieren Sie zum Nachtisch das berühmte**Chilikuchen**(würzige Linsenkuchen).

7. **Ist Mauritius ein familienfreundliches Reiseziel?**

   Absolut! Mit seinen wunderschönen Stränden, Wildparks und zahlreichen Outdoor-Aktivitäten ist Mauritius perfekt für Familien. Kinder werden es lieben, Naturschutzgebiete zu erkunden, Bootsfahrten zu unternehmen und am Strand zu spielen.

8. **Was sind die besten Strände auf Mauritius?**

Zu den schönsten Stränden gehören**Le Morne**,**Schönes Meer**, Und **Hirschloch**. Jeder bietet atemberaubenden Sand, klares Wasser und verschiedene Wassersportmöglichkeiten.

9. **Was sollte ich für eine Reise nach Mauritius einpacken?**

   Packung**leichte, bequeme Kleidung**für warmes Wetter, sondern auch eine**leichte Jacke**für kühlere Abende. Vergessen Sie nicht Badebekleidung, Sonnencreme, Insektenschutzmittel und bequeme Schuhe zum Wandern oder Erkunden.

10. **Ist es einfach, sich auf Mauritius fortzubewegen?**

    Ja! **Öffentliche Verkehrsmittel**Es gibt zwar eine große Auswahl, aber am einfachsten lässt sich die Insel mit einem Mietwagen in Ihrem eigenen Tempo erkunden. Taxis und Busse sind ebenfalls weit verbreitet und können für kürzere Fahrten genutzt werden.

Beste Reisezeit

Mauritius bietet mit seinem tropischen Klima je nach Jahreszeit vielfältige Erlebnisse. Wenn Sie die saisonalen Schwankungen der Insel kennen, können Sie Ihre Reise besser planen und das Wetter, die Veranstaltungen und die allgemeinen Reisebedingungen optimal nutzen.

Optimale Reisezeit

Die ideale Reisezeit für Mauritius ist von Mai bis Dezember, also in den kühleren und trockeneren Monaten. Diese Zeit bringt angenehme Temperaturen mit Tageshöchsttemperaturen von durchschnittlich 25–30 °C und niedriger Luftfeuchtigkeit mit sich. Ideal für Outdoor-Aktivitäten wie Wandern, Inselerkundungen und Strandvergnügen. Das kühlere Wetter sorgt für ein angenehmeres Erlebnis, insbesondere für diejenigen, die die Naturwunder der Insel erkunden oder Wassersport betreiben möchten. Für einen erholsamen Strandurlaub ist dies die optimale Zeit, da das Meer ruhiger und der Himmel klarer ist.

Vermeidung der Zyklonsaison

Die Zyklonsaison auf Mauritius dauert von Januar bis März, wobei die höchste Sturmwahrscheinlichkeit im Februar besteht. Obwohl Zyklone nicht jedes Jahr garantiert sind, kann das Wetter in diesen Monaten mit heftigen Regenfällen und starken Winden unvorhersehbar werden. Wenn Sie in dieser Zeit verreisen möchten, ist es wichtig, die Wettervorhersagen genau zu verfolgen und Notfallpläne zu haben. Obwohl das Zyklonrisiko relativ gering ist, ist es besser, vorbereitet zu sein, insbesondere wenn Ihre Aktivitäten Outdoor-Erkundungen oder Küstenerlebnisse beinhalten.

Festivals und Veranstaltungen

Mauritius ist ein kulturelles Zentrum. Ein Besuch während wichtiger Feste wie Diwali im Oktober, Holi im März und dem chinesischen Frühlingsfest im Januar kann Ihrer Reise eine lebendige kulturelle Note verleihen. Diese Feierlichkeiten sind tief in der Tradition der Insel verwurzelt und bieten Besuchern die Möglichkeit, lokale Bräuche, Musik, Tanz und Küche kennenzulernen. Beachten Sie jedoch, dass Feste zu größeren Menschenmengen und höheren Übernachtungspreisen führen können. Wenn Sie ein ruhigeres Erlebnis suchen, ist es ratsam, außerhalb dieser Spitzenzeiten zu planen.

Vorteile außerhalb der Spitzenzeiten

Wer weniger Menschenmassen und bessere Angebote bevorzugt, kann in den Nebenmonaten April und November eine ausgezeichnete Wahl sein. Das Wetter ist zwar noch angenehm, die Temperaturen sind angenehm und die Regenwahrscheinlichkeit geringer, aber der Touristenansturm ist im Vergleich zu den Hauptmonaten geringer. In diesen Monaten finden Sie möglicherweise auch günstigere Flüge und Unterkünfte, was ein günstigeres und dennoch angenehmes Reiseerlebnis ermöglicht.

Mauritius ist ein ganzjähriges Reiseziel. Wer sich jedoch über Wettermuster, Zyklonrisiken und saisonale Ereignisse informiert, kann die beste Reisezeit besser planen. Egal, ob Sie es ruhiger mögen oder die kulturellen Feste der Insel erleben möchten – für jeden Geschmack gibt es die passende Reisezeit.

Wichtige Reisetipps für Mauritius

Bei der Vorbereitung Ihrer Reise nach Mauritius gibt es einige wichtige Tipps, die für einen reibungslosen und angenehmen Ablauf sorgen. Von lokalen Gepflogenheiten bis hin zu praktischen Reiseutensilien – hier finden Sie alles, was Sie vor Ihrer Abreise wissen müssen.

Visabestimmungen

Die meisten Reisenden können für Aufenthalte von bis zu 60 Tagen visumfrei nach Mauritius einreisen. Die Visabestimmungen können jedoch je nach Nationalität variieren. Daher ist es wichtig, Ihre Berechtigung im Voraus zu prüfen. Erkundigen Sie sich vor Reiseantritt bei der mauritischen Botschaft oder dem mauritischen Konsulat, ob Sie über die erforderlichen Dokumente verfügen.

Währung und Zahlungen

Die Landeswährung auf Mauritius ist die Mauritius-Rupie (MUR). Kreditkarten werden in den meisten Hotels, Restaurants und Geschäften akzeptiert. Es empfiehlt sich jedoch, Bargeld mitzuführen, insbesondere in ländlichen Gebieten, auf lokalen Märkten oder in kleineren Geschäften. Geldautomaten gibt es in größeren Städten. Bei Reisen in entlegenere Gebiete ist es jedoch ratsam, im Voraus Geld abzuheben.

Gesundheitsvorkehrungen

Stellen Sie vor Reiseantritt sicher, dass Ihre Standardimpfungen auf dem neuesten Stand sind. Trinken Sie lieber Wasser aus Flaschen statt Leitungswasser, um mögliche durch Wasser übertragene Krankheiten zu vermeiden. Halten Sie Handdesinfektionsmittel für zusätzlichen Schutz bereit, insbesondere beim Besuch lokaler Märkte oder beim Essen im Straßenverkauf.

Sicherheitstipps

Mauritius gilt als eines der sichersten Länder Afrikas für Touristen. Dennoch sollten die üblichen Sicherheitsvorkehrungen beachtet werden. Meiden Sie nachts abgelegene Gebiete und behalten Sie Ihre Wertgegenstände stets im Auge, insbesondere in überfüllten Bereichen oder an Touristenattraktionen. Wie bei jedem Reiseziel sorgt allgemeine Vorsicht für eine sicherere Reise.

Lokale Etikette

Mauritier sind für ihre herzliche Gastfreundschaft bekannt, dennoch ist es wichtig, lokale Bräuche zu respektieren. Beim Besuch religiöser Stätten wie Tempeln oder Moscheen wird dezente Kleidung geschätzt. Es ist außerdem üblich, Menschen mit einem Händedruck oder einem freundlichen

Lächeln zu begrüßen, da dies in der mauritischen Kultur ein Zeichen des Respekts ist.

Transport

Öffentliche Busse fahren zwar auf Mauritius, jedoch in der Regel nach 18 Uhr nicht mehr. Wenn Sie also abends reisen möchten, sind Taxis oder Mietwagen die zuverlässigere Option. Ein Mietwagen gibt Ihnen die Flexibilität, die Insel in Ihrem eigenen Tempo zu erkunden, insbesondere wenn Sie abgelegenere oder weniger gut erreichbare Gebiete besuchen möchten. Machen Sie sich vor Fahrtantritt mit den örtlichen Verkehrsregeln und Straßenverhältnissen vertraut.

Mit diesen Reisetipps sind Sie bestens vorbereitet, um Mauritius zu erkunden. Egal, ob Sie die Strände genießen, die lokale Kultur kennenlernen oder ein Abenteuer erleben möchten – ein wenig Vorbereitung trägt wesentlich dazu bei, dass Ihre Reise unvergesslich wird.

Kapitel 1: Mauritius auf einen Blick

Die Geschichte und Kultur von Mauritius

Mauritius, eine kleine Insel im Indischen Ozean, blickt auf eine reiche und komplexe Geschichte zurück, die ihre einzigartige Kultur geprägt hat. Von den ersten portugiesischen Seefahrern, die die Insel im 16. Jahrhundert entdeckten, bis hin zur modernen, multikulturellen Gesellschaft von heute ist die Geschichte von Mauritius eine faszinierende Erzählung von Kolonialismus, Migration und kultureller Verschmelzung. Diese vielfältige Geschichte hat eine Gesellschaft geschaffen, die ihre vielfältigen Einflüsse wertschätzt und so zu einem harmonischen Zusammenleben verschiedener Gemeinschaften und Traditionen führt.

Koloniales Erbe und kulturelle Fusion

Mauritius war bis zum Beginn des 16. Jahrhunderts unbewohnt, bis portugiesische Entdecker und im 17. Jahrhundert die Niederländer eintrafen. Die Niederländer gaben ihre Siedlung 1658 auf und ließen die Insel weitgehend unberührt. 1715 übernahmen die Franzosen jedoch die Kontrolle über Mauritius, legten Zuckerplantagen an und brachten versklavte Afrikaner zur Landarbeit. Als die Briten 1810 die Kontrolle übernahmen, brachten sie Vertragsarbeiter aus Indien sowie chinesische Händler auf die Insel. Diese verschiedenen Wellen der Kolonisierung und Einwanderung schufen einen komplexen kulturellen Mix aus afrikanischen, indischen, chinesischen, französischen und britischen Einflüssen. Die moderne Identität der Insel ist das Ergebnis dieser kulturellen Verschmelzung, bei der jede Gemeinschaft ihre Spuren in der Sprache, dem Essen, den Traditionen und der allgemeinen Lebensweise hinterlassen hat.

Religiöse Vielfalt

Mauritius ist ein Beispiel für religiöse Toleranz und Vielfalt. Der Hinduismus ist die vorherrschende Religion, die im 19. Jahrhundert von indischen Vertragsarbeitern mitgebracht wurde. Aber auch Christentum, Islam sowie kleinere Gemeinschaften, die Buddhismus und chinesische Volksreligionen praktizieren, sind stark vertreten. Diese reiche Vielfalt an Glaubensrichtungen ist auf der ganzen Insel deutlich erkennbar, in der Vielzahl der Tempel, Kirchen, Moscheen und Pagoden, die die Landschaft prägen. Religiöse Feste wie Diwali, Holi und Eid werden ebenso mit großer Begeisterung gefeiert wie die christlichen Feiertage Weihnachten und Ostern, was eine lebendige Atmosphäre gemeinsamer kultureller Feiern schafft.

Sprache und Literatur

Die Sprache ist ein weiteres prägendes Merkmal der kulturellen Vielfalt von Mauritius. Englisch ist die Amtssprache und wird in Regierung und Wirtschaft verwendet, doch das mauritische Kreolisch ist die am weitesten verbreitete Sprache und dient als Brücke zwischen den Gemeinschaften der Insel. Auch Französisch hat großen Einfluss, insbesondere in den Medien und der Literatur. Die literarische Tradition von Mauritius ist reichhaltig, mit namhaften Autoren wie Ananda Devi und Edouard Maunick, deren Werke die Komplexität des Lebens auf der Insel widerspiegeln. Ihre Schriften bieten Einblicke in die Kämpfe, Freuden und Widersprüche einer Gesellschaft, die von einer vielfältigen Mischung von Menschen und Einflüssen geprägt ist.

Musik und Tanz

Die mauritische Musik ist ein lebendiges Spiegelbild der Geschichte und Kultur der Insel. Sega, eine afro-mauritische Musik- und Tanzform, ist das Herzstück der Inselkultur. Sega, von der UNESCO als immaterielles Kulturerbe anerkannt, wird mit rhythmischem Trommeln, lebhaftem

Tanz und Geschichtenerzählen aufgeführt. Seggae, eine Fusion aus Sega und Reggae, erfreut sich in den letzten Jahren ebenfalls großer Beliebtheit und verbindet traditionelle Klänge mit modernen Einflüssen. Die kulturelle Vielfalt der Insel spiegelt sich auch in der Vielfalt der Musikgenres wider, die afrikanische, indische, chinesische und europäische Traditionen widerspiegeln. Musik ist auf Mauritius nicht nur Unterhaltung – sie ist eine lebendige Ausdrucksform, die einen Einblick in das Herz und die Seele der Insel bietet.

Küche

Die mauritische Küche ist eine köstliche Mischung afrikanischer, indischer, chinesischer und französischer Einflüsse und schafft so eine lebendige kulinarische Landschaft. Gerichte wie Curry, Rougaille und Biryani sind Grundnahrungsmittel der mauritischen Küche, jedes mit lokalen Zutaten wie Meeresfrüchten, tropischen Früchten und aromatischen Gewürzen verfeinert. Chutneys und Pickles werden häufig zu den Mahlzeiten gereicht und verleihen ihnen einen zusätzlichen Geschmacksschub. Die Verschmelzung dieser kulinarischen Traditionen spiegelt die multikulturelle Zusammensetzung der Insel wider und bietet

Besuchern ein einzigartiges und verlockendes kulinarisches Erlebnis.

Mauritius‘ Geschichte und Kultur verschmelzen zu einem facettenreichen Ganzen und machen die Insel zu einem faszinierenden Reiseziel für Reisende, die nicht nur wunderschöne Landschaften, sondern auch ein reichhaltiges kulturelles Erlebnis suchen. Die Mischung aus Traditionen, Sprachen, Religionen und Küchen schafft eine einzigartige mauritische Identität – ein Ort, an dem Vergangenheit und Gegenwart harmonisch zusammenleben und die lebendige Kultur der Insel prägen.

Eine Insel der Vielfalt: Menschen, Sprachen und Traditionen

Mauritius ist ein Mikrokosmos kultureller Vielfalt, in dem verschiedene ethnische Gruppen, Sprachen und Traditionen harmonisch zusammenleben. Die Bevölkerung der Insel spiegelt ihre komplexe Geschichte wider, die von Migration, Kolonialismus und dem Erbe der Sklaverei und Zwangsarbeit geprägt ist. Infolgedessen hat sich Mauritius zu einer multiethnischen Gesellschaft entwickelt, die ihre Vielfalt feiert. Menschen unterschiedlicher Herkunft leben

Seite an Seite und tragen zum einzigartigen sozialen Gefüge der Insel bei.

Ethnische Zusammensetzung

Die Mehrheit der Bevölkerung von Mauritius ist indo-mauritisch, mit Nachkommen indischer Arbeiter, die während der britischen Kolonialherrschaft im 19. Jahrhundert auf die Insel kamen. Die zweitgrößte Gruppe sind die Kreolen, Nachkommen afrikanischer Sklaven, die von den Franzosen auf die Insel gebracht wurden. Weitere ethnische Gemeinschaften sind die Sino-Mauritier, deren Wurzeln auf chinesische Einwanderer zurückgehen, die im 19. Jahrhundert nach Mauritius kamen, und die Franco-Mauritier, Nachkommen französischer Siedler. Die multiethnische Zusammensetzung der Insel spiegelt die verschiedenen Migrations- und Kolonialisierungswellen der Jahrhunderte wider, die zu einer reichen Mischung von Kulturen und Geschichten geführt haben.

Sprachlandschaft

Die Sprachenlandschaft von Mauritius ist so vielfältig wie seine Bevölkerung. Während Englisch die Amtssprache ist und in Regierung und Wirtschaft verwendet wird, ist

Mauritius-Kreolisch die am weitesten verbreitete Sprache. Kreolisch, ein aus dem Französischen stammender Dialekt, dient als Lingua Franca der Insel und überbrückt die Kluft zwischen den verschiedenen Gemeinschaften. Französisch spielt auch in Medien, Literatur und Bildung eine wichtige Rolle und verstärkt den kulturellen Einfluss Frankreichs weiter. Darüber hinaus werden in den jeweiligen Gemeinschaften weitere Sprachen wie Bhojpuri, Hindi, Tamil und Mandarin gesprochen, was die Insel sprachlich noch reicher macht. Diese mehrsprachige Umgebung spiegelt die Geschichte der Insel und ihre kontinuierliche Entwicklung zu einer kulturell lebendigen Gesellschaft wider.

Kulturelle Traditionen

Mauritius ist ein Land, in dem die Bewahrung kultureller Traditionen von größter Bedeutung ist. Jede Gemeinschaft feiert ihre eigenen Feste, ihre eigene Küche und ihre eigenen religiösen Praktiken. Der Hinduismus, der von einem großen Teil der Bevölkerung praktiziert wird, ist auf der ganzen Insel sichtbar, insbesondere während Festen wie Diwali und Maha Shivaratri. Kreolen feiern ihr Erbe mit der Musik und dem Tanz von Sega, während Sino-Mauritier ihre chinesischen Wurzeln mit dem chinesischen Neujahrsfest ehren. Christen auf der Insel feiern Weihnachten und Ostern, und tamilische Gemeinschaften feiern das tamilische Neujahrsfest und andere hinduistische Feste. Die Verschmelzung dieser verschiedenen Traditionen verleiht Mauritius seine lebendige Kulturszene mit Festen, Ritualen und Praktiken, die den Alltag der Menschen bereichern. Auch die mauritische Küche spiegelt diese Vielfalt wider und vereint indische, afrikanische, chinesische und französische Aromen zu einer einzigartigen kulinarischen Identität.

Die ethnische, sprachliche und kulturelle Vielfalt von Mauritius ist nicht nur von historischer Bedeutung, sondern auch Teil des täglichen Lebens. Das harmonische Zusammenleben verschiedener Gemeinschaften hat die Identität der Insel geprägt und sie zu einem einzigartigen Reiseziel gemacht. Die Mischung aus Sprachen, religiösen Praktiken und Festen schafft eine bunte, dynamische Gesellschaft, in der kulturelle Unterschiede nicht nur respektiert, sondern auch gefeiert werden. Diese Vielfalt ist der Grundstein dafür, dass Mauritius ein so faszinierendes und bereicherndes Reiseziel ist.

Wissenswertes über Mauritius

Bevor Sie sich auf Ihr Abenteuer nach Mauritius begeben, sollten Sie sich mit einigen wichtigen Fakten über die Insel vertraut machen. Diese Details bereichern Ihr Reiseerlebnis und sorgen dafür, dass Sie gut gerüstet sind, um alles zu erkunden, was dieses atemberaubende Reiseziel zu bieten hat. Von der Geografie über die lokale Währung bis hin zum Klima – hier sind einige wichtige Fakten, die Sie beachten sollten.

- **Geographie**:

  Mauritius ist ein Inselstaat im Indischen Ozean, etwa 2.000 Kilometer vor der Südostküste Afrikas. Mit einer Fläche von 2.040 Quadratkilometern ist Mauritius eine der landschaftlich reizvollsten Inseln der Region. Umgeben von kristallklarem Wasser ist Mauritius von einem der größten Korallenriffe der Welt umgeben, das zum florierenden Meeresökosystem der Insel beiträgt. Dieses Riff, zusammen mit den tropischen Stränden, Lagunen und üppigen Landschaften der Insel, macht Mauritius zu einem Paradies für Naturliebhaber,

Taucher und Strandliebhaber. Das bergige Landesinnere, die Vulkangipfel und die atemberaubenden Wasserfälle laden zum Wandern und Erkunden ein und machen Mauritius zu einem perfekten Reiseziel für Outdoor-Abenteuer.

- **Hauptstadt**:

Port Louis, die Hauptstadt von Mauritius, ist das wirtschaftliche und kulturelle Zentrum der Insel. Diese geschäftige Stadt beherbergt die wichtigsten Häfen, Finanzzentren und Regierungsgebäude des Landes. Port Louis ist eine Stadt der Kontraste, in der sich koloniale Architektur aus der französischen und britischen Zeit mit modernen Gebäuden und lebhaften Märkten vermischt. Eines der berühmtesten Wahrzeichen der Stadt ist der geschäftige Zentralmarkt, auf dem Besucher lokale Gewürze, Textilien und frische Produkte kaufen können. Port Louis bietet außerdem ein reges Nachtleben mit einer großen Auswahl an Bars, Restaurants und Nachtclubs. Als Tor zur Kultur und Geschichte der Insel bietet Port Louis einen unmittelbaren Einblick in die Verschmelzung verschiedener Kulturen – von indischen über kreolische bis hin zu französischen Einflüssen – und ist daher ein Muss für jeden Mauritius-Reisenden.

- **Währung**:

  Die offizielle Währung von Mauritius ist die Mauritius-Rupie (MUR), die in 100 Cent unterteilt ist. Obwohl die Rupie die Standardwährung der Insel ist, akzeptieren die meisten Geschäfte, Hotels und Restaurants in Touristengebieten auch gängige internationale Kreditkarten. Es ist immer ratsam, Bargeld mit sich zu führen, insbesondere bei Reisen in ländlichere Gebiete oder beim Besuch lokaler Märkte. Geldautomaten sind in größeren Städten weit verbreitet, sodass Sie bei Bedarf bequem Bargeld abheben können. Die Wechselkurse der Mauritius-Rupie können schwanken. Es ist daher ratsam, vor Reiseantritt die aktuellen Kurse zu prüfen und gegebenenfalls bereits im Voraus Geld umzutauschen.

- **Klima**:

Mauritius genießt ein tropisches Klima mit ganzjährig warmen Temperaturen. Die Insel erlebt zwei ausgeprägte Jahreszeiten: den Sommer von November bis April, der wärmer und feuchter ist, und den kühleren, trockeneren Winter von Mai bis Oktober. Während der Sommermonate liegen die Temperaturen zwischen 25 °C und 30 °C (77 °F und 86 °F), mit höherer Luftfeuchtigkeit, insbesondere in den Küstengebieten. Die kühleren Monate von Mai bis Dezember bieten angenehmere Temperaturen mit durchschnittlich 20 °C und 25 °C (68 °F und 77 °F). Dies gilt als die beste Reisezeit für Mauritius, da das Wetter angenehmer für Outdoor-Aktivitäten, Wanderungen und Strandurlaub ist. Es ist jedoch wichtig zu beachten, dass Mauritius im Zyklongürtel liegt und das Zyklonrisiko von Januar bis März am höchsten ist. Obwohl das Risiko gering ist, ist es ratsam, die Wettervorhersagen im Auge zu behalten, wenn Sie in dieser Zeit reisen möchten.

- **Zeitzone**:

Auf Mauritius gilt die Mauritius Standard Time (MST), UTC+4. Diese Zeitzone bleibt das ganze Jahr über konstant, da auf Mauritius keine Sommerzeit gilt. So können Sie Ihre Reise und Aktivitäten ganz einfach planen, ohne sich um Zeitverschiebungen kümmern zu müssen. Mauritius ist sowohl für Reisen aus Europa als auch aus Asien günstig gelegen, und die Zeitzonen lassen sich je nach Anreiseort in der Regel leicht anpassen. Der Zeitunterschied ermöglicht zudem eine einfache Anbindung an andere Ziele am Indischen Ozean, was Mauritius zu einem idealen Ausgangspunkt für ausgedehntere Erkundungen der Region macht.

Wenn Sie sich mit diesen wichtigen Fakten vertraut machen, sind Sie besser vorbereitet, um Mauritius sicher zu erkunden. Ob Sie die unberührten Strände erkunden, die lebhafte Stadt Port Louis besuchen oder durch die atemberaubende Landschaft der Insel wandern – das Wissen über Geographie, Währung, Klima und Zeitzone trägt dazu bei, dass Ihre Reise so reibungslos und angenehm wie möglich verläuft. Diese Einblicke in die wichtigsten Aspekte der

Insel bilden die Grundlage für ein unvergessliches Mauritius-Abenteuer.

Top-Reiseziele

Mauritius ist eine wahre Fundgrube vielfältiger und atemberaubender Reiseziele, die die natürliche Schönheit, das kulturelle Erbe und die historische Bedeutung der Insel widerspiegeln. Ob Outdoor-Enthusiast, Geschichtsinteressierter oder Entspannungssuchender an unberührten Stränden – Mauritius bietet für jeden Reisenden etwas. Entdecken Sie diese Top-Reiseziele und erleben Sie die ganze Bandbreite dieser bemerkenswerten Insel.

Le Morne Brabant

Le Morne Brabant, ein UNESCO-Weltkulturerbe, ist ein starkes Symbol für Widerstand und Freiheit. Historisch gesehen war es im 18. und 19. Jahrhundert ein Zufluchtsort für entlaufene Sklaven und ist bis heute ein Ort von großer kultureller Bedeutung. Der Berg selbst bietet einen atemberaubenden Panoramablick auf die Insel und das umliegende türkisfarbene Wasser. Die Wanderung zum Gipfel ist ein unvergessliches Erlebnis. Sie dauert etwa 2–3 Stunden und belohnt Sie mit atemberaubenden Ausblicken über die Südküste der Insel. Für alle, die ihre Wanderung entspannt ausklingen lassen möchten, ist der nahegelegene Strand Le Morne der perfekte Ort zum Entspannen. Egal, ob Sie von seiner historischen Bedeutung oder der umgebenden Naturschönheit fasziniert sind, Le Morne Brabant ist ein Muss für alle, die eine Verbindung zur Vergangenheit und Gegenwart der Insel herstellen möchten.

Black River Gorges Nationalpark

Für Naturliebhaber ist der Black River Gorges Nationalpark ein absolutes Muss. Mit einer Fläche von etwa 67,5 Quadratkilometern ist dieser Park ein Paradies für Wanderungen, Ökotourismus und Vogelbeobachtungen. Der Park beherbergt viele endemische Pflanzen- und Tierarten, darunter den gefährdeten Mauritiusfalken. Es gibt mehrere Wanderwege zu erkunden, von einfachen Spaziergängen bis hin zu anspruchsvolleren Trekkingtouren. Der Macchabée Trail beispielsweise bietet malerische Ausblicke auf üppiges Grün und rauschende Wasserfälle. Der Park ist ein erstklassiges Ziel für Besucher, die sich für die Artenvielfalt von Mauritius interessieren, und bietet einen friedlichen Rückzugsort in die Natur und einen ruhigen Rückzugsort abseits der touristisch geprägten Orte der Insel. Der Eintritt ist frei, für diejenigen, die die Naturwunder des Parks tiefer kennenlernen möchten, werden jedoch geführte Touren angeboten.

Hirschinsel

Île aux Cerfs ist eine unberührte Insel vor der Ostküste von Mauritius, die für ihre weißen Sandstrände und das kristallklare Wasser bekannt ist. Ein idealer Ort für Wassersport: Besucher können Parasailing, Schnorcheln oder sogar Unterwasserwanderungen genießen. Die Insel verfügt außerdem über einen Golfplatz und ist somit eine attraktive Option für alle, die Natur und Sport verbinden möchten. Eine Bootsfahrt vom Festland bringt Sie in der Regel zur Insel, wo Sie Ihren Tag entspannt am Strand verbringen oder die landschaftliche Schönheit erkunden können. Es sind Tourpakete erhältlich, die oft Mittagessen, Wasseraktivitäten und Inselrundfahrten beinhalten. Bootsfahrten beginnen bei ca. 600 MUR (ca. 15 USD) pro Person. Ob Sie Abenteuer oder Entspannung suchen, Île aux Cerfs bietet einen unvergesslichen tropischen Zufluchtsort.

Chamarel Siebenfarbige Erden

Eine der einzigartigsten und optisch beeindruckendsten Attraktionen auf Mauritius ist die Siebenfarbige Erde von Chamarel. Diese geologische Formation besteht aus Erde in sieben verschiedenen Farben, die vor Jahrhunderten durch vulkanische Aktivität entstanden ist. Das Ergebnis ist eine surreale, lebendige Landschaft, die Besucher aus aller Welt anzieht. Wanderwege ermöglichen Nahaufnahmen der farbenfrohen Dünen – ein Paradies für Fotografen. Der Eintritt für dieses Naturphänomen beträgt ca. 200–300 MUR (ca. 5–7 USD) und ist jeden Cent wert. In der Nähe können Sie auch den Chamarel-Wasserfall besuchen, einen der höchsten Wasserfälle der Insel. Mit seiner atemberaubenden Optik und faszinierenden Naturgeschichte sollte die Siebenfarbige Erde von Chamarel auf dem Reiseplan jedes Reisenden stehen.

Großes Becken (Ganga Talao)

Grand Bassin, auch bekannt als Ganga Talao, ist eine heilige Hindu-Stätte im Herzen von Mauritius. Dieser ruhige See, umgeben von Tempeln und Statuen hinduistischer Götter, ist eines der wichtigsten spirituellen Wahrzeichen der Insel. Das Herzstück der Stätte ist die 33 Meter hohe Statue des Gottes Shiva, die stolz über dem See thront. Besonders bedeutsam ist Grand Bassin während des jährlichen Maha Shivaratri-Festes, wenn Tausende von Pilgern zum Gebet und zur Besinnung an den Ort strömen. Auch wenn Sie nicht zum Fest hier sind, bietet die Gegend eine heitere Atmosphäre, die perfekt für alle ist, die spirituelle Einkehr oder einen ruhigen Tagesausflug suchen. Der Eintritt ins Grand Bassin ist frei, Spenden sind jedoch erwünscht. Dieser Ort bietet eine einzigartige Gelegenheit, die kulturelle und spirituelle Tiefe von Mauritius in einer atemberaubenden, ruhigen Umgebung zu erleben.

Praktische Informationen: Währung, Sprache und Sicherheit

Bevor Sie zu Ihrem Mauritius-Abenteuer aufbrechen, sollten Sie sich mit einigen praktischen Informationen vertraut machen, die Ihnen dabei helfen, Ihre Reise reibungslos und angenehm zu gestalten. Von der Kenntnis der lokalen Währung und Sprachen bis hin zu Sicherheits- und Gesundheitsvorkehrungen – hier finden Sie alles, was Sie wissen müssen, um sich auf Mauritius sicher zurechtzufinden.

Währung und Zahlungen

Die offizielle Währung von Mauritius ist die Mauritius-Rupie (MUR). Kreditkarten werden in Hotels, Restaurants und Geschäften in touristisch geprägten Gebieten weitgehend akzeptiert, auf lokalen Märkten, in Taxis und ländlichen Regionen wird jedoch häufig Bargeld bevorzugt. Geldwechseldienste gibt es an Flughäfen, Banken und Wechselstuben auf der ganzen Insel. Viele Geldautomaten akzeptieren auch internationale Debit- und Kreditkarten, sodass Sie bei Bedarf bequem Bargeld abheben können. Es empfiehlt sich, kleinere Scheine für Trinkgelder oder kleinere Einkäufe bereitzuhalten. Beachten Sie, dass die Wechselkurse schwanken. Prüfen Sie daher vor dem Geldwechsel die Kurse. Mit einer Mischung aus Bargeld und Karten sind Sie für verschiedene Situationen gut gerüstet.

Gesprochene Sprachen

Englisch ist die Amtssprache auf Mauritius und wird hauptsächlich in Regierungsdokumenten und offiziellen Dokumenten verwendet. Die am weitesten verbreitete Sprache ist jedoch das mauritische Kreolisch, ein aus dem Französischen stammendes Patois, das für die Mehrheit der Bevölkerung als Verkehrssprache dient. Auch Französisch ist weit verbreitet, insbesondere in den Medien, der Literatur und in der Alltagssprache. Aufgrund des multikulturellen Erbes der Insel werden zudem Sprachen wie Bhojpuri, Hindi, Tamil und Urdu von verschiedenen Gemeinschaften gesprochen. Es ist zwar nicht zwingend erforderlich, diese Sprachen fließend zu beherrschen, aber das Erlernen einiger grundlegender Sätze auf Französisch oder Kreolisch wird Ihre Kommunikation verbessern, insbesondere bei Besuchen in ländlichen Gebieten oder im Umgang mit Einheimischen.

Sicherheit und Gesundheit

Mauritius gilt allgemein als sicheres Reiseziel mit einer im Vergleich zu anderen beliebten Touristenattraktionen niedrigen Kriminalitätsrate. Wie in jedem anderen Reiseziel ist jedoch Vorsicht geboten, insbesondere in überfüllten oder unbekannten Gegenden. Es ist ratsam, abgelegene Orte nach Einbruch der Dunkelheit zu meiden und Wertsachen stets sicher aufzubewahren. Mauritius ist eine malariafreie Zone, was Reisende, die sich Sorgen wegen durch Mücken übertragener Krankheiten machen, beruhigt. Es ist jedoch wichtig, vor Reiseantritt sicherzustellen, dass Ihre Routineimpfungen auf dem neuesten Stand sind. Bei durch Wasser übertragenen Krankheiten wird empfohlen, Flaschenwasser anstelle von Leitungswasser zu trinken.

Sonnenschutz ist unerlässlich, da die Sonne besonders in den Mittagsstunden intensiv sein kann. Obwohl die medizinischen Einrichtungen, insbesondere in städtischen Gebieten, gut ausgestattet sind, ist es ratsam, für Notfälle mit einer Krankenversicherung zu reisen.

Zeitzone und Konnektivität

Auf Mauritius gilt die Mauritius Standard Time (MST), die UTC+4 Stunden beträgt. Da auf der Insel keine Sommerzeit gilt, bleibt die Uhrzeit das ganze Jahr über gleich. Reisende können problemlos online bleiben. Lokale SIM-Karten sind an Flughäfen oder in Geschäften auf der Insel erhältlich und bieten eine kostengünstige Möglichkeit, Daten zu nutzen und zu telefonieren. Viele Hotels bieten WLAN an, Geschwindigkeit und Qualität können jedoch in abgelegeneren Gebieten variieren. Wenn Sie Ihr Telefon im Ausland nutzen möchten, aktivieren Sie unbedingt internationales Roaming bei Ihrem Anbieter oder entscheiden Sie sich für eine lokale SIM-Karte für bessere Tarife und bessere Konnektivität.

Lokale Bräuche und Etikette

Die Mauritier sind für ihre herzliche Gastfreundschaft und Höflichkeit bekannt, was die Insel zu einem einladenden Ort für Besucher macht. Im Umgang mit Einheimischen ist es üblich, diese mit „Bonjour“ (Guten Morgen) oder „Bonsoir“ (Guten Abend) auf Französisch zu begrüßen. Achten Sie beim Besuch religiöser Stätten darauf, sich angemessen zu kleiden und Ihre Schuhe auszuziehen, bevor Sie Tempel, Moscheen oder andere heilige Orte betreten. Die Einhaltung lokaler Bräuche wird von den Mauritiern sehr geschätzt. Trinkgeld ist auf Mauritius üblich. In Restaurants beträgt das übliche Trinkgeld etwa 10–15 % der Rechnung. Ein kleines Trinkgeld für Hotelpersonal oder Fahrer wird ebenfalls geschätzt und als Geste des guten Willens angesehen.

Wenn Sie diese praktischen Tipps beachten, sind Sie besser auf Ihre Reise nach Mauritius vorbereitet. Ob Sie sich auf den lokalen Märkten zurechtfinden, mit den Einheimischen interagieren oder während Ihrer Reise sicher und gesund bleiben – diese Informationen sorgen dafür, dass Sie einen angenehmen und stressfreien Aufenthalt auf der Insel verbringen.

Kapitel 2: Die besten Strände von Mauritius

Grand Baie: Das Herz des Strandlebens auf Mauritius

Grand Baie an der Nordküste von Mauritius gilt als Zentrum der Strandkultur der Insel. Grand Baie ist bekannt für seine lebendige Atmosphäre und bietet eine Mischung aus Entspannung, Abenteuer und kulturellen Erlebnissen. Damit ist es eines der beliebtesten Reiseziele für Touristen, die einen rundum gelungenen Strandurlaub suchen. Ob Sie sich am unberührten Sandstrand entspannen, die lokale Kultur erkunden oder aufregende Wassersportaktivitäten genießen möchten – Grand Baie bietet für jeden etwas.

Lebendige Atmosphäre

Grand Baie steht für Energie und Spannung und bietet eine lebendige Atmosphäre, die Einheimische und Touristen gleichermaßen anzieht. Die Gegend ist voll von Restaurants, Cafés, Bars und Boutiquen und bietet zahlreiche Möglichkeiten zum Essen, Shoppen und für Unterhaltung. Besucher können am Wasser entlang schlendern, in Strandrestaurants köstliche Meeresfrüchte probieren oder in den Geschäften nach einzigartigen Souvenirs stöbern. Bei Sonnenuntergang erwacht die Stadt zum Leben und bietet ein pulsierendes Nachtleben. Strandclubs und Bars veranstalten Partys, Musikveranstaltungen und Aufführungen, die bis spät in die Nacht dauern. Ob Sie einen ruhigen Tag am Meer genießen oder das lebhafte Abendleben der Insel erleben möchten – Grand Baie bietet alles.

Vielfältige Strandoptionen

Die Strände in Grand Baie gehören zu den beliebtesten der Insel und jeder bietet sein eigenes einzigartiges Erlebnis. Der Grand Bay Beach mit seinem weichen Sand und dem klaren, flachen Wasser ist perfekt für einen entspannten Tag in der Sonne oder zum Schwimmen in den sanften Wellen. Nur ein kurzes Stück entfernt liegt der Pereybere Beach, der für sein kristallklares Wasser bekannt und bei Familien und Schnorchlern beliebt ist. Das ruhige Wasser ist ideal für Kinder zum Spielen, während Erwachsene friedliche Momente am Wasser genießen können. Wenn Sie ein ruhigeres, abgeschiedeneres Plätzchen suchen, ist der öffentliche Strand La Cuvette ein verstecktes Juwel mit einer friedlichen Atmosphäre – ideal für alle, die den Menschenmassen entfliehen und ein heiteres Stranderlebnis genießen möchten. Jeder Strand in Grand Baie bietet ein einzigartiges Erlebnis und bietet etwas für unterschiedliche Vorlieben – egal, ob Sie Kontakte knüpfen, entspannen oder die Gegend erkunden möchten.

Wassersport und Kreuzfahrten

Für alle, die ein abenteuerlicheres Stranderlebnis suchen, ist Grand Baie ein Paradies für Wassersportler. Parasailing bietet eine aufregende Möglichkeit, den Panoramablick auf die Küste zu genießen, während Besucher beim Unterwasserwandern die Unterwasserwelt erkunden können, ohne tauchen zu müssen. Die Gegend bietet auch verschiedene Bootsausflüge, darunter Katamaranfahrten zu nahegelegenen Inseln wie Île Plate und Île aux Cerfs. Diese Ausflüge bieten reichlich Gelegenheit, die unberührte Meereswelt zu erkunden, in klaren Lagunen zu schnorcheln oder einfach an Deck des Bootes zu entspannen und die atemberaubende Landschaft zu genießen. Ob Sie etwas Neues ausprobieren oder einfach nur eine malerische Kreuzfahrt genießen möchten, die Wasseraktivitäten von Grand Baie bereichern Ihr Stranderlebnis mit Sicherheit.

Kulturelle Attraktionen

Neben Stränden und Wassersport bietet Grand Baie auch bereichernde kulturelle Erlebnisse. Besucher können den nahegelegenen Sir Seewoosagur Ramgoolam Botanical Garden erkunden, eine üppige Oase voller exotischer Pflanzen und hoch aufragender Bäume. Der Garten lädt zum Spazieren ein und bietet die natürliche Schönheit von Mauritius. Darüber hinaus beherbergt Grand Baie einen geschäftigen lokalen Markt, auf dem Besucher Kunsthandwerk, Textilien und Souvenirs entdecken können, die die vielfältigen kulturellen Einflüsse der Insel widerspiegeln. Diese Mischung aus Strandaktivitäten und kulturellen Attraktionen macht Grand Baie zu einem idealen Reiseziel für alle, die das gesamte Spektrum von Mauritius erleben möchten.

Le Morne Beach: Abgeschiedenheit und Ruhe

An der Südwestküste von Mauritius gelegen, ist Le Morne Beach ein ruhiger Zufluchtsort für Reisende, die Ruhe inmitten atemberaubender Natur suchen. Mit seinem atemberaubenden Blick auf den zum UNESCO-Welterbe gehörenden Berg Le Morne Brabant und dem ruhigen, türkisfarbenen Wasser bietet dieser Strand eine Oase der Ruhe abseits der Touristenströme. Bekannt für seine friedliche Atmosphäre und die atemberaubende Landschaft, bietet Le Morne Beach den perfekten Rahmen für Entspannung, Erholung und Outdoor-Abenteuer.

Landschaftliche Schönheit

Der Strand von Le Morne ist für seine natürliche Schönheit bekannt, mit dem majestätischen Berg Le Morne Brabant, der sich im Hintergrund dramatisch erhebt. Dieser ikonische Gipfel, der in der Geschichte der Insel eine bedeutende Rolle spielte, bildet eine markante Silhouette vor dem strahlend blauen Himmel und schafft eine unvergessliche Landschaft. Der unberührte Sandstrand erstreckt sich entlang der Küste und wird sanft vom ruhigen, kristallklaren Wasser umspült. Der Kontrast zwischen Berg und Meer, kombiniert mit der friedlichen Umgebung, macht diesen Strand zu einem der malerischsten Orte der Insel. Ob Sie am Strand faulenzen, am Ufer entlang spazieren oder einfach nur die Aussicht genießen – die Landschaft von Le Morne wird Ihre Sinne fesseln.

Ideal für Wassersport

Der Strand von Le Morne ist ein beliebter Ort für Wassersportler, insbesondere für Kitesurfen und

Windsurfen. Die konstanten Winde machen die Gegend zu einem idealen Ort für Anfänger und Fortgeschrittene, um diese aufregenden Aktivitäten zu genießen. Mehrere Schulen entlang des Strandes bieten Kurse an, sodass auch Anfänger den Nervenkitzel des Wellenreitens sicher genießen können. Die stetige Brise und das ruhige Wasser bieten perfekte Bedingungen für diese Sportarten, und die Aussicht beim Gleiten über das Wasser rundet das Erlebnis ab. Egal, ob Sie ein erfahrener Profi oder ein Kitesurf-Anfänger sind, der Strand von Le Morne bietet eine hervorragende Gelegenheit, Wind und Wasser auf Mauritius zu genießen.

Entspannte Atmosphäre

Im Gegensatz zu den überfüllten Stränden von Mauritius bietet Le Morne eine friedliche und entspannte Atmosphäre und ist damit der perfekte Rückzugsort für alle, die Ruhe und Abgeschiedenheit suchen oder einen entspannten Tag am Meer verbringen möchten. Die sanften Wellen und weiten Sandflächen des Strandes bieten viel Platz zum Sonnenbaden, Schwimmen oder einfach nur zum Spazierengehen. Da keine großen Menschenmassen unterwegs sind, können Besucher die Natur in vollen Zügen genießen und abseits des Lärms und Trubels touristisch geprägter Orte entspannen. Die ruhige Atmosphäre ist ideal für alle, die neue Energie tanken möchten, sei es durch stille Besinnung oder beim Genießen des ruhigen, rhythmischen Rauschens der Wellen.

Zugang zu nahegelegenen Sehenswürdigkeiten

Neben der ruhigen Strandlage bietet Le Morne Besuchern die Möglichkeit, den nahegelegenen Berg Le Morne Brabant zu erkunden. Dieser ikonische Gipfel ist nicht nur ein Symbol für Freiheit und Widerstand, sondern bietet auch ein unglaubliches Wandererlebnis. Geführte Wanderungen führen Besucher auf den Berg und bieten Panoramablicke auf die Küste und das Landesinnere der Insel. Die Aussicht vom Gipfel ist schlichtweg spektakulär und bietet eine einzigartige Perspektive auf die Schönheit von Mauritius. Für alle, die Natur und Abenteuer lieben, ist Le Morne Brabant ein Muss.

Der Strand von Le Morne ist das perfekte Reiseziel für Reisende, die Ruhe und Natur genießen möchten. Ob Sie den Strand erkunden, Wassersport ausprobieren oder auf den Berggipfel wandern – die Gegend bietet ein erfrischendes und ruhiges Erlebnis, bei dem Sie die Ruhe von Mauritius genießen und die Seele baumeln lassen können.

Flic en Flac: Entspannung am Meer

Flic en Flac an der Westküste von Mauritius ist eines der beliebtesten Strandziele der Insel und bietet die perfekte Mischung aus Entspannung und Abenteuer. Bekannt für seine langen goldenen Sandstrände und das kristallklare Wasser, bietet der Ort Besuchern die Möglichkeit zum Entspannen und gleichzeitig eine Reihe von Aktivitäten für alle, die etwas Abwechslung suchen. Ob Sie am Strand entspannen, in die pulsierende Unterwasserwelt eintauchen oder einen malerischen Sonnenuntergang genießen möchten – Flic en Flac bietet für jeden Reisenden das Richtige.

Langer Strandabschnitt

Eines der herausragendsten Merkmale von Flic en Flac ist sein weitläufiger Strand. Als einer der längsten Strände der Insel bietet er viel Platz zum Sonnenbaden, Picknicken und für gemütliche Spaziergänge entlang der Küste. Der weiche, goldene Sand und das ruhige, türkisfarbene Wasser schaffen eine ideale Umgebung für alle, die einen ruhigen Tag am Meer verbringen möchten. Dank der Weite des Strandes fühlt er sich auch in der Hochsaison nie überfüllt an. Ob Sie im Schatten eines Baumes ein Buch lesen, ein Picknick mit der Familie genießen oder einfach am Ufer entlang schlendern – Flic en Flac bietet viel Platz zum Entspannen.

Vielfältiges Meeresleben

Die Gewässer rund um Flic en Flac beherbergen farbenfrohe Korallenriffe und sind daher ein idealer Ort zum Schnorcheln und Tauchen. Das klare, warme Wasser bietet hervorragende Sicht und ermöglicht es Besuchern, die vielfältige Meeresfauna und -flora direkt vor der Küste zu erkunden. Mehrere Anbieter in der Gegend bieten geführte Schnorchel- und Tauchtouren an, die Sie zu einigen der schönsten Unterwasserplätze der Insel führen, wo Sie neben bunten Fischen, Schildkröten und anderen Meeresbewohnern schwimmen können. Für Tauchanfänger gibt es auch anfängerfreundliche Optionen, sodass Flic en Flac für jeden zugänglich ist, unabhängig von der Erfahrung.

Familienfreundliche Umgebung

Flic en Flac ist mit seinen sanften Wellen und den schattigen Bereichen der Filao-Bäume am Strand ein ideales Reiseziel für Familien. Der natürliche Schatten macht den Strand zum idealen Ort für Familien, um zu entspannen, die Natur zu genießen und sich abzukühlen, während sie gleichzeitig die tropische Atmosphäre genießen. Der Strand bietet außerdem zahlreiche Annehmlichkeiten wie Restaurants, Geschäfte und Unterkünfte in der Nähe, was ihn besonders für Familien geeignet macht, die alles an einem Ort suchen. Der einfache Zugang zu wichtigen Dienstleistungen sorgt dafür, dass Familien einen ganzen Tag am Strand verbringen können, ohne sich um zusätzliche Logistik kümmern zu müssen.

Sonnenuntergangsansichten

Flic en Flac ist bekannt für seine atemberaubenden Sonnenuntergänge und ein beliebter Ort für Fotografen und Paare. Wenn die Sonne untergeht, taucht der Himmel sich in leuchtende Orange-, Rosa- und Lilatöne und schafft eine romantische und friedliche Atmosphäre. Ob Sie am Strand entspannen oder in einem der vielen Restaurants am Wasser speisen, der Anblick des Sonnenuntergangs ist ein Highlight jedes Besuchs in Flic en Flac. Wer das perfekte Foto schießen oder einen besonderen Moment mit einem geliebten Menschen teilen möchte, ist hier genau richtig.

Blue Bay: Schnorcheln und Meereslebewesen

Blue Bay an der Südostküste von Mauritius ist bekannt für sein kristallklares Wasser und die vielfältige Unterwasserwelt und ein beliebtes Ziel für Schnorchelbegeisterte. Mit dem Blue Bay Marine Park im Herzen bietet das Gebiet ein außergewöhnliches Unterwassererlebnis und ermöglicht Besuchern, eines der spektakulärsten Korallenreservate der Insel zu erkunden. Ob erfahrener Taucher oder Schnorchler-Neuling – Blue Bay bietet die perfekte Gelegenheit, die reiche Artenvielfalt des Meeresökosystems von Mauritius zu entdecken.

Blue Bay Marine Park

Der Blue Bay Marine Park beherbergt das größte Korallenreservat von Mauritius, ein geschütztes Gebiet voller Meereslebewesen. Diese unberührte Umgebung ist ein Paradies für Meereslebewesen mit farbenfrohen Korallenriffen, tropischen Fischen und anderen Meeresbewohnern und somit ein idealer Ort zum Schnorcheln und für Unterwassererkundungen. Das klare, flache Wasser des Parks ist für Schnorchler aller Erfahrungsstufen zugänglich und bietet eine faszinierende Unterwasserwelt, die vom Ufer aus leicht zu erreichen ist.

Im Rahmen seiner Naturschutzbemühungen trägt der Meerespark dazu bei, die vielfältige Unterwasserwelt der Insel zu erhalten und sicherzustellen, dass sie auch für zukünftige Besuchergenerationen und Meeresbewohner ein blühender Lebensraum bleibt.

Schnorchelmöglichkeiten

Für alle, die die Unterwasserwelt erkunden möchten, bietet Blue Bay eine Vielzahl von Schnorchelausflügen. Bei Touren mit dem Glasbodenboot können Besucher die farbenfrohen Korallenriffe und Fischschwärme bestaunen, ohne nass zu werden – eine großartige Option für alle, die lieber trocken bleiben. Abenteuerlustige Reisende können bei Schnorchelausflügen direkt die Unterwasserwelt des Meeresparks erkunden und zwischen bunten Fischen, Meeresschildkröten und exotischen Korallenformationen schwimmen. Ob Schnorchelanfänger oder erfahrener Profi – Blue Bay bietet für jeden etwas. Die ruhige, geschützte Lagune bietet eine sichere und angenehme Umgebung für alle.

Ruhiges Wasser

Eines der Highlights der Blue Bay ist die ruhige, geschützte Lagune, die sowohl Anfängern als auch erfahrenen Schnorchlern ideale Bedingungen bietet. Das warme, flache Wasser erleichtert die Navigation und Erkundung und bietet klare Sicht für Unterwasserbeobachtungen. Die ruhige Lage macht die Lagune auch zu einer ausgezeichneten Wahl für Familien und alle, die ein entspannteres, ruhigeres Schnorchelerlebnis suchen. Mit sanften Strömungen und minimalem Wellengang können Sie die Schönheit des Meeresparks genießen, ohne die Herausforderungen, die in turbulenteren Gewässern oft auftreten.

Sehenswürdigkeiten

Neben den Schnorchelmöglichkeiten ist Blue Bay ein idealer Ausgangspunkt für die Erkundung nahegelegener Sehenswürdigkeiten. Besucher können Bootsausflüge zur Île aux Cerfs unternehmen, einer atemberaubenden Insel, die für ihre weißen Sandstrände und das klare Wasser bekannt ist, oder einen kurzen Ausflug zum Grand River South East Wasserfall unternehmen, wo sie das rauschende Wasser inmitten üppiger Vegetation bewundern können. Die Île aux Aigrettes, ein Naturschutzgebiet zum Schutz der endemischen Flora und Fauna der Insel, ist ebenfalls ein beliebtes Ziel für alle, die sich für die Naturschönheiten von Mauritius interessieren. Diese Ausflüge bieten ein umfassendes Inselerlebnis und kombinieren Meereserkundungen mit malerischen Ausblicken und Naturwanderungen.

Versteckte Strandschätze: Weniger bekannte Küstenjuwelen

Mauritius ist zwar für seine beliebten Strände und lebhaften Resorts bekannt, bietet aber auch eine Auswahl weniger bekannter, ruhiger Küstenjuwelen, die sich perfekt für Reisende eignen, die Ruhe und Privatsphäre suchen. Diese versteckten Strände, jeder mit seinem eigenen Charme und seiner natürlichen Schönheit, bieten die Möglichkeit, den Menschenmassen zu entfliehen und die friedliche Umgebung zu genießen. Ob Naturliebhaber, Entspannungssuchende oder abgelegene Orte – diese Strände bieten für jeden Reisenden etwas Besonderes.

Schlangeninsel

Die Île aux Serpents, auch bekannt als Schlangeninsel, liegt vor der Nordküste von Mauritius und ist ein abgeschiedenes, unberührtes Reiseziel, umgeben von kristallklarem Wasser.

Auch wenn ihr Name für Überraschungen sorgt, ist die Insel ein friedlicher Rückzugsort, frei von großen Menschenmassen und kommerzieller Entwicklung. Die Insel beherbergt eine vielfältige Tierwelt, darunter auch endemische Vogelarten, was sie zu einem Paradies für Vogelbeobachter und Naturliebhaber macht. Die Abgeschiedenheit der Insel trägt zu ihrem Reiz bei und bietet einen ruhigen, ungestörten Rückzugsort. Besucher können die Insel bei Bootsausflügen von Grand Baie aus erkunden. Obwohl der Zugang aufgrund des Naturschutzstatus eingeschränkt ist, werden geführte Touren angeboten, die ein exklusives und ruhiges Erlebnis garantieren. Der Eintritt ist frei, aber eine Führung kann Ihren Besuch durch Einblicke in die Naturgeschichte der Insel bereichern.

Der Cambuse

La Cambuse, ein ruhiger und versteckter Strand an der Südostküste, wird von Touristen oft übersehen und ist daher der perfekte Ort für alle, die Einsamkeit suchen. Mit seinem weichen Sand und dem klaren Wasser ist La Cambuse ein ausgezeichnetes Ziel zum Schwimmen, Sonnenbaden oder für ein friedliches Picknick am Meer. Umgeben von üppigem Grün bietet der Strand eine ruhige und unberührte

Atmosphäre. Obwohl es an Annehmlichkeiten mangelt, liegt sein Charme in seiner Einfachheit und Ruhe. Es empfiehlt sich, Erfrischungen einzupacken, da es in der Nähe keine Restaurants oder Geschäfte gibt. La Cambuse ist ein ideales Ziel für alle, die den überfüllten, kommerziellen Stränden von Mauritius entfliehen möchten.

Pointe d'Esny

Pointe d'Esny liegt in der Nähe des Blue Bay Marine Parks und bietet ein abgeschiedeneres Stranderlebnis mit weniger Touristen als andere beliebte Orte. Das flache, warme Wasser von Pointe d'Esny lädt zum Schwimmen ein, während die nahegelegenen Mangroven eine üppige Kulisse für die ohnehin schon ruhige Umgebung bilden. Die ruhige, friedliche Atmosphäre des Strandes lädt zum Entspannen ein, und die Nähe zum Marine Park bietet zusätzliche Möglichkeiten zum Schnorcheln. Da die Gegend weniger kommerzialisiert ist, ist Pointe d'Esny ideal für alle, die einen ruhigen Strandurlaub suchen. Es bietet sowohl die Schönheit der Natur als auch die Ruhe eines weniger überfüllten Strandes.

Reiherinsel

Île aux Aigrettes ist ein kleines Naturschutzgebiet vor der Südostküste von Mauritius und bietet ein unberührtes, ruhiges Stranderlebnis. Diese geschützte Insel ist die Heimat seltener Wildtiere, darunter der gefährdete Mauritiusfalke und Riesenschildkröten, und somit ein fantastisches Ziel für Ökotourismus. Die abgelegenen Strände der Insel sind friedlich und laden zum Entspannen ein. Um die natürliche Schönheit der Insel wirklich zu genießen, können Besucher an geführten Öko-Touren teilnehmen, die Einblicke in die Naturschutzbemühungen und die einzigartige Flora und Fauna der Insel bieten. Eine Bootsfahrt zur Île aux Aigrettes ist ein Abenteuer für sich und bietet einen atemberaubenden Blick auf die umliegenden Gewässer. Der Eintritt für die Öko-Tour beträgt in der Regel etwa 500 MUR (ca. 12 USD) – ein kleiner Preis für ein solch intensives Naturerlebnis.

Tamarin Bay

Tamarin Bay an der Westküste von Mauritius ist ein weiterer, weniger bekannter Strand, der Entspannung mit Abenteuer verbindet. Bekannt für seine einzigartige Mischung aus Strand- und Flussblick, eignet sich die Bucht hervorragend zur Delfinbeobachtung, insbesondere in den frühen Morgenstunden, wenn Delfinschulen in Ufernähe schwimmen. Der Strand ist auch bei Surfern beliebt und bietet einige der besten Wellen der Insel. Tamarin Bay bietet eine ruhigere Alternative zu den überfüllten Stränden, da sich entlang der Küste nur wenige Hotels und Cafés befinden. Für Wassersportbegeisterte und Naturliebhaber ist Tamarin Bay ein wunderbares, friedliches Reiseziel.

Kapitel 3: Natur und Tierwelt auf Mauritius

Black River Gorges National Park: Wanderwege und Wasserfälle

Der Black River Gorges Nationalpark im Südwesten von Mauritius ist ein Paradies für Naturliebhaber und Abenteuerlustige. Bekannt für seine rauen Landschaften, dichten Wälder und ruhigen Wasserfälle bietet der Park zahlreiche Möglichkeiten für Outdoor-Erkundungen. Mit über 50 km Wanderwegen, vielfältigen Ökosystemen und seltenen Wildtieren ist er eine der wertvollsten Naturattraktionen der Insel. Ob erfahrener Wanderer oder Anfänger auf der Suche nach einem Naturerlebnis – die Black River Gorges versprechen ein unvergessliches Erlebnis.

Abwechslungsreiche Wanderwege

Eine der Hauptattraktionen des Black River Gorges Nationalparks ist sein Netz aus Wanderwegen für alle Schwierigkeitsgrade. Zu den beliebtesten Routen zählt der Black River Peak Trail, der Wanderer zum höchsten Punkt der Insel auf 828 Metern Höhe führt. Der Weg bietet einen weiten Blick auf die umliegenden bewaldeten Täler und die Küste und ermöglicht einen Blick aus der Vogelperspektive auf die atemberaubende Landschaft des Parks. Wer eine gemäßigtere Wanderung sucht, kann den Macchabée Trail wählen, der einen Panoramablick auf das dichte Grün und die dramatischen Klippen des Parks bietet. Entlang dieses Weges können Wanderer auch mehrere Wasserfälle erblicken, darunter die beeindruckenden Alexandra Falls. Mit Routen unterschiedlichen Schwierigkeitsgrades ist Black River Gorges ein ideales Ziel für alle, die die Naturschönheiten von Mauritius zu Fuß erkunden möchten.

Majestätische Wasserfälle

Der Park beherbergt mehrere prächtige Wasserfälle, die Ihrem Wandererlebnis ein zusätzliches Element des Wunderbaren verleihen. Die Alexandra Falls, einer der berühmtesten Wasserfälle des Parks, stürzen dramatisch in ein üppiges Tal und bieten einen atemberaubenden Anblick. Die Seven Cascades, eine weitere bemerkenswerte Attraktion des Parks, bestehen aus einer Reihe atemberaubender Wasserfälle inmitten eines dichten Dschungels. Diese Naturwunder sind nicht nur ein Augenschmaus, sondern bieten auch die Möglichkeit, in den kristallklaren natürlichen Becken an ihrem Fuß zu schwimmen. Für Fotografie-Enthusiasten sind diese

Wasserfälle ein Traum, denn ihre üppige Umgebung und die dramatischen Abstürze bieten perfekte Fotomotive. Besucher können entlang der Wanderwege eine Pause einlegen und diese ruhigen Orte genießen, umgeben vom beruhigenden Geräusch des kaskadierenden Wassers.

Reiche Artenvielfalt

Der Black River Gorges Nationalpark ist ein Hotspot der Artenvielfalt und Heimat mehrerer endemischer Arten, die ihn zu einem Muss für Vogelbeobachter und Naturliebhaber machen. Der Park ist einer der wenigen Orte weltweit, an dem Sie den gefährdeten Mauritiusturmfalken, den seltensten Greifvogel der Welt, beobachten können. Auch der Echosittich, eine weitere vom Aussterben bedrohte Art, ist im Park beheimatet. Diese seltenen Arten tragen zusammen mit anderen endemischen Vögeln, Reptilien und Pflanzen zur einzigartigen ökologischen Bedeutung des Parks bei. Wanderer können diese Arten häufig entlang der Wanderwege beobachten und so ihr Abenteuer um eine zusätzliche Wildtiererkundung bereichern. Die reiche Artenvielfalt des Parks macht ihn nicht nur zu einem Wanderziel, sondern auch zu einem Zufluchtsort für

Naturliebhaber, die sich für den Erhalt der einzigartigen Flora und Fauna von Mauritius interessieren.

Casela Naturpark: Safari-Abenteuer

Für Reisende, die eine einzigartige Mischung aus Abenteuer, Wildtierbegegnungen und Naturschönheit suchen, ist der Casela Naturpark auf Mauritius ein Muss. Im Westen der Insel gelegen, bietet Casela mit seinem breiten Angebot an Safari-Touren, interaktiven Tierbegegnungen und spannenden Abenteueraktivitäten ein wahrhaft intensives Erlebnis. Ob Wildtierliebhaber oder Adrenalinjunkie, Casela bietet für jeden etwas und sorgt für einen unvergesslichen Tag inmitten der üppigen Landschaft der Insel.

Afrikanische Safari-Erfahrung

Der Casela Nature Park bringt das afrikanische Safari-Erlebnis nach Mauritius. Der Park bietet geführte Safari-Touren an, bei denen Besucher eine Vielzahl von Tieren in einer Umgebung beobachten können, die an die afrikanische Savanne erinnert. Stellen Sie sich vor, Sie kommen majestätischen Giraffen, markanten Zebras und mächtigen Nashörnern ganz nah, während Sie die weitläufigen Freigehege des Parks erkunden. Die Tiere bewegen sich frei in dieser weitläufigen Umgebung und bieten ein wahrhaft authentisches Safari-Erlebnis. Für alle, die die Natur erleben möchten, sind diese geführten Touren eine einzigartige Gelegenheit, exotische Wildtiere in einer wunderschönen, sorgfältig gepflegten Umgebung zu beobachten. Das Engagement des Parks für den Naturschutz stellt sicher, dass sowohl Besucher als auch Tiere das Erlebnis in einer sicheren und respektvollen Umgebung genießen können.

Interaktive Tierbegegnungen

Der Casela Nature Park bietet eine Reihe interaktiver Tierbegegnungen, bei denen Gäste die vielfältige Tierwelt des Parks direkt erleben können. Zu den aufregendsten Erlebnissen zählt der Spaziergang mit Löwen. Bei dieser spannenden Aktivität können Besucher die majestätischen Großkatzen unter Aufsicht erfahrener Tierführer durch das Parkgelände begleiten. Es ist eine einmalige Gelegenheit, diesen kraftvollen Tieren in einer sicheren und kontrollierten Umgebung ganz nah zu kommen. Neben den Löwen können Gäste auch Riesenschildkröten füttern, in den Volieren des Parks mit verschiedenen Vogelarten interagieren und eine Vielzahl weiterer Tierinteraktionen genießen, bei denen

Besucher die Bewohner des Parks hautnah kennenlernen und eine enge Verbindung zu ihnen aufbauen können.

Abenteueraktivitäten

Wer den Adrenalinrausch sucht, wird in Casela nicht enttäuscht. Der Park bietet eine Vielzahl von Abenteueraktivitäten, die Spannung mit der natürlichen Schönheit der Umgebung verbinden. Besucher können mit der Seilrutsche durch die Baumwipfel sausen und dabei atemberaubende Ausblicke auf die Landschaft des Parks und die nahegelegenen Berge genießen. Eine Quadfahrt durch das raue Gelände sorgt für zusätzlichen Nervenkitzel, während Sie die vielfältigen Ökosysteme des Parks erkunden. Eine der aufregendsten Attraktionen des Parks ist die Tulawaka Gold Coaster-Fahrt, bei der Besucher auf eine rasante Achterbahnfahrt mitgenommen werden, die sowohl einen Adrenalinrausch als auch atemberaubende Ausblicke auf die natürliche Umgebung des Parks bietet. Ob Sie auf der Suche nach aufregendem Nervenkitzel oder einem gemächlicheren Abenteuer sind, Casela bietet die perfekte Mischung aus Spannung und Natur.

Mauritianische Tierwelt: Gefährdete Arten und Schutzbemühungen

Mauritius, ein kleiner Inselstaat im Indischen Ozean, beherbergt einige der weltweit einzigartigsten Wildtiere. Aufgrund der Isolation sind viele der hier vorkommenden Arten endemisch, d. h. sie kommen nirgendwo sonst auf der Erde vor. Die Artenvielfalt der Insel ist jedoch bedroht, und der Schutz der gefährdeten Arten ist zu einem zentralen Anliegen lokaler und internationaler Bemühungen geworden. In diesem Kapitel erkunden wir die seltensten Arten der Insel und die laufenden Schutzbemühungen.

Endemische Arten

Mauritius ist bekannt für seine bemerkenswerten endemischen Arten, die sich über Millionen von Jahren isoliert entwickelt haben. Zu den bekanntesten gefährdeten Arten der Insel gehört der**Mauritiusturmfalke**, ein Vogel, der einst als der seltenste Greifvogel der Welt galt. Dank intensiver Schutzbemühungen hat der Mauritiusfalke ein Comeback erlebt, ist aber weiterhin stark gefährdet. Der**Echosittich**, eine weitere endemische Art, war einst auf nur wenige Individuen reduziert, doch dank gezielter

Zuchtprogramme und Lebensraumschutz hat sich ihre Zahl langsam erhöht. Ebenso ist die**rosa Taube**, einst vom Aussterben bedroht, hat von Zuchtprogrammen und der Wiederherstellung des Lebensraums profitiert, wodurch seine Population von nur einer Handvoll Individuen auf eine stabilere, wenn auch immer noch gefährdete Zahl anwachsen konnte.

Diese Arten sind ein Beweis für die Widerstandsfähigkeit der Natur und die Wirksamkeit von Naturschutzbemühungen. Sie erinnern daran, wie wichtig es ist, nicht nur die Tiere selbst, sondern auch die empfindlichen Ökosysteme, die sie beherbergen, zu schützen. Diese einzigartigen Arten, die nur auf Mauritius vorkommen, sind Teil des Naturerbes der Insel und ein unersetzlicher Bestandteil ihrer Artenvielfalt.

Herausforderungen im Naturschutz

Die einheimische Tierwelt von Mauritius steht vor erheblichen Herausforderungen. Die Einführung nichtheimischer Arten wie Ratten, Affen und anderer Raubtiere hat verheerende Auswirkungen auf die Ökosysteme der Insel. Diese eingeführten Arten erbeuten

Eier, Jungtiere und Lebensräume der einheimischen Tierwelt und bringen so das empfindliche Gleichgewicht der Ökosysteme der Insel durcheinander. Darüber hinaus hat die Zerstörung von Lebensräumen durch landwirtschaftliche Expansion, Stadtentwicklung und Abholzung den verfügbaren Lebensraum für einheimische Arten weiter eingeschränkt.

Eine der größten Bedrohungen für die Tierwelt von Mauritius ist die Zerstörung der Wälder. Einst eine üppige, waldbedeckte Insel, wurde ein Großteil des natürlichen Lebensraums für die menschliche Bebauung gerodet. Die verbleibenden Wälder, die Heimat vieler endemischer Arten sind, sind durch menschliche Aktivitäten ständigem Druck ausgesetzt. Um diese Bedrohungen einzudämmen, arbeiten Naturschützer unermüdlich daran, die Lebensräume der Insel zu schützen und wiederherzustellen und sicherzustellen, dass einheimische Arten den Raum haben, den sie zum Überleben und Gedeihen brauchen.

Restaurierungsprojekte

Trotz dieser Herausforderungen werden erhebliche Anstrengungen unternommen, um die einzigartige Tierwelt von Mauritius zu schützen. Eine der erfolgreichsten Schutzstrategien ist die Einrichtung von Zuchtprogrammen für die gefährdeten Arten der Insel. Diese Programme, bei denen gefährdete Tiere in kontrollierten Umgebungen gezüchtet und anschließend in ihren natürlichen Lebensraum zurückgeführt werden, haben die Population von Arten wie dem Mauritiusfalken und der Rosentaube erfolgreich erhöht.

Die Wiederherstellung von Lebensräumen ist ein weiterer wichtiger Bestandteil der Naturschutzbemühungen. Durch die Wiederanpflanzung einheimischer Bäume und die Wiederherstellung zerstörter Ökosysteme arbeiten Naturschutzgruppen daran, die natürlichen Lebensräume von Mauritius wiederherzustellen. Diese Projekte helfen nicht nur einheimischen Arten, sondern reduzieren auch die Auswirkungen invasiver Arten, indem sie sichere Lebensräume für einheimische Wildtiere schaffen.

Die Mauritian Wildlife Foundation steht zusammen mit anderen Organisationen an vorderster Front dieser Naturschutzbemühungen und arbeitet mit der Regierung und den lokalen Gemeinden zusammen, um sicherzustellen, dass die Artenvielfalt der Insel für zukünftige Generationen erhalten bleibt. Dank ihres Engagements und ihrer harten

Arbeit macht Mauritius langsam aber sicher Fortschritte beim Schutz seiner endemischen Arten und ihrer Lebensräume.

Deer Island: Die Schönheit der Natur entdecken

Île aux Cerfs, eine wunderschöne Insel vor der Ostküste von Mauritius, ist ein tropisches Paradies, das eine perfekte Mischung aus natürlicher Schönheit, Freizeitaktivitäten und friedlicher Entspannung bietet. Bekannt für ihre unberührten Strände, das klare türkisfarbene Wasser und die ruhige Atmosphäre, ist die Insel ein absolutes Muss für alle, die Abenteuer und Ruhe in malerischer Umgebung suchen. Ob Sie im weichen Sand entspannen, die pulsierende Unterwasserwelt erkunden oder eine Runde Golf mit atemberaubender Aussicht genießen möchten – Île aux Cerfs hat für jeden Reisenden etwas zu bieten.

Malerische Strände

Île aux Cerfs ist bekannt für ihre atemberaubenden weißen Sandstrände, die sich entlang der Küste der Insel erstrecken. Der weiche Sand und das klare, warme, türkisfarbene Wasser machen die Insel zu einem idealen Ziel zum Sonnenbaden und Schwimmen. Die Strände sind ruhig und friedlich und bieten Besuchern eine ruhige Umgebung zum Entspannen und Genießen der natürlichen Schönheit der Insel. Ob Sie im Schatten der Palmen faulenzen oder ein erfrischendes Bad im kristallklaren Wasser nehmen, die Strände der Île aux Cerfs bieten eine perfekte Flucht vor der Hektik des Alltags. Für alle, die abschalten und die idyllische Umgebung genießen möchten, sind die Strände der perfekte Ort dafür.

Wassersport

Für alle, die mehr Abenteuer suchen, ist die Île aux Cerfs ein Zentrum für Wassersport und Meeresaktivitäten. Das klare Wasser und die farbenfrohen Korallenriffe der Insel bieten hervorragende Möglichkeiten zum Schnorcheln und ermöglichen Besuchern, die Unterwasserwelt voller bunter Fische und Meereslebewesen zu erkunden. Wer es etwas aufregender mag, ist beim Parasailing genau richtig. Hier können Sie die atemberaubende Küste und die umliegenden Gewässer aus der Vogelperspektive betrachten. Auch Bootstouren bieten eine entspannte Möglichkeit, die ruhigen Lagunen der Insel, die nahegelegenen Inselchen und die beeindruckende Meeresfauna und -flora zu erkunden. Egal, ob Sie ein Anfänger oder ein erfahrener Wassersportler sind, die Île aux Cerfs bietet eine Vielzahl von Möglichkeiten, aktiv zu bleiben und die Wunder der Natur zu erleben.

Golfplatz

Für alle, die Freizeit und Wettkampf verbinden möchten, bietet die Île aux Cerfs einen 18-Loch-Golfplatz, der vom renommierten Bernhard Langer entworfen wurde. Der Platz bietet ein anspruchsvolles Spiel vor der Kulisse des wunderschönen Meeres der Insel. Mit seinen strategisch platzierten Bunkern, Wasserhindernissen und üppigem Grün bietet der Golfplatz ein aufregendes Erlebnis für Golfer aller Spielstärken. Die atemberaubende Aussicht auf die türkisfarbene Lagune und die umliegende Landschaft macht jeden Schlag zu einem unvergesslichen Erlebnis. Ob Sie ein leidenschaftlicher Golfer sind oder einfach nur nach einer neuen Aktivität suchen, dieser Platz bietet ein unvergessliches Erlebnis, das sowohl Ihre Fähigkeiten auf die Probe stellt als auch die Augen verwöhnt.

Die mauritischen Vögel: Entdecken Sie die einzigartige Vogelwelt der Insel

Mauritius, eine Insel reich an Naturschönheiten, ist auch ein Paradies für Vogelliebhaber. Mit ihrer einzigartigen

Vogelwelt, darunter eine Vielzahl endemischer und gefährdeter Arten, ist die Insel ein absolutes Muss für Vogelbeobachter. Im Laufe der Jahrhunderte war Mauritius die Heimat einiger der seltensten und faszinierendsten Vogelarten der Welt. Vom vom Aussterben bedrohten Mauritiusfalken bis zur leuchtend rosa Taube bietet die Vogelwelt der Insel Naturliebhabern ein unvergessliches Erlebnis.

Endemische Vogelarten

Mauritius ist die Heimat von neun endemischen Vogelarten, was bedeutet, dass sie nirgendwo sonst auf der Welt vorkommen. Zu den bemerkenswertesten Arten gehören der**rosa Taube**, Die **Mauritiusturmfalke**und die**Echosittich**Die rosa Taube, einst vom Aussterben bedroht, hat sich dank engagierter Schutzbemühungen bemerkenswert erholt. Auch der Mauritiusfalke galt einst als der seltenste Greifvogel der Welt, doch dank eines äußerst erfolgreichen Zuchtprogramms hat sich seine Zahl erhöht. Die**Echosittich**, mit seinem leuchtend grünen Gefieder und seinen unverwechselbaren Rufen, ist eine weitere seltene Art, die von den anhaltenden Schutzbemühungen profitiert. Diese Vögel repräsentieren zusammen mit anderen endemischen Arten die einzigartige Artenvielfalt, für die Mauritius bekannt ist. Ihr anhaltendes Überleben ist ein Beweis für das Engagement der Insel, ihr Naturerbe zu bewahren.

Vogelbeobachtungsorte

Mauritius bietet mehrere erstklassige Orte zur Vogelbeobachtung, an denen Besucher diese einzigartigen Arten in ihrem natürlichen Lebensraum beobachten können.**Black River Gorges Nationalpark**ist einer der besten Orte zur Vogelbeobachtung. Seine dichten Wälder und dramatischen Klippen bieten sowohl einheimischen als auch Zugvögeln ein Paradies. Auf den Wanderwegen des Parks können Besucher diese seltenen Arten aus nächster Nähe beobachten, insbesondere entlang des Macchabée Trail, wo man den Mauritiusfalken in seiner natürlichen Umgebung beobachten kann. Ein weiteres hervorragendes Ziel für Vogelbeobachtungen ist**Reiherinsel**, ein kleines Naturschutzgebiet vor der Südostküste der Insel. Hier können Besucher die rosa Taube, den Echosittich und andere gefährdete Arten beobachten, die in der geschützten Umgebung der Insel gedeihen.**Das Ferneytal**ist auch ein bekannter Ort zur Vogelbeobachtung und bietet die

Möglichkeit, bei Wanderungen durch üppige Wälder und Naturschutzgebiete mehrere endemische Arten zu beobachten. Diese Orte bieten eine einzigartige Gelegenheit, die bemerkenswerte Vogelwelt von Mauritius kennenzulernen und die Bemühungen zum Schutz dieser Arten aus erster Hand mitzuerleben.

Naturschutzbemühungen

Naturschutzbemühungen auf Mauritius spielen eine entscheidende Rolle beim Schutz und der Wiederherstellung der gefährdeten Vogelpopulationen der Insel. Organisationen wie die**Mauritische Wildtierstiftung**Die Stiftung steht an vorderster Front dieser Bemühungen und setzt sich für den Schutz einheimischer Arten durch Lebensraumrestaurierung, Zuchtprogramme und kontinuierliche Überwachung ein. Die Arbeit der Stiftung zur Wiederherstellung der Inselwälder und zur Schaffung sicherer Brutgebiete für Vögel trug maßgeblich zur Erholung von Arten wie dem Mauritiusfalken und der Rosentaube bei. Diese Naturschutzbemühungen umfassten auch die Zusammenarbeit mit lokalen Gemeinden, um die Bedeutung des Erhalts der einzigartigen Tierwelt der Insel für zukünftige Generationen zu unterstreichen. Besucher können diese Bemühungen unterstützen, indem sie Ökotourismus betreiben und Naturschutzorganisationen unterstützen, die sich weiterhin für den Schutz der Vogelarten auf Mauritius einsetzen.

Kapitel 4: Die besten lokalen Erlebnisse

Mauritius-Märkte: Ein Fest für die Sinne

Die lokalen Märkte von Mauritius sind nicht nur Orte zum Einkaufen; sie sind lebendige, geschäftige Zentren der Kultur, Tradition und Gemeinschaft. Diese Märkte spiegeln das reiche multikulturelle Erbe der Insel wider und bieten die Möglichkeit, die einzigartigen Aromen, Klänge und Farben zu erleben, die Mauritius ausmachen. Für Reisende, die in das lokale Leben eintauchen möchten, ist ein Besuch dieser Märkte ein Muss. Von frischen Produkten bis hin zu handgefertigten Waren und von Gewürzen bis hin zu Streetfood bieten die Märkte eine Reizüberflutung und einen authentischen Einblick in die Lebensweise der Insel.

Vielfältiges Angebot

Die Märkte von Mauritius sind ein Genuss für die Sinne und bieten eine große Auswahl an Waren, die sowohl Einheimische als auch Besucher ansprechen. Beliebte Märkte wie der**Zentralmarkt in Port Louis** Und **Flacq-Markt**sind pulsierende Treffpunkte, an denen Käufer alles von frischem Obst und Gemüse bis hin zu lokalem Kunsthandwerk und Textilien finden. Die Luft ist erfüllt vom Duft frischer Produkte, exotischer Gewürze und blühender Blumen. Diese Märkte bieten eine große Auswahl an Artikeln, die die vielfältigen Bedürfnisse der Inselbevölkerung widerspiegeln. Sie können durch Gänge mit farbenfrohen Früchten wie Mangos, Ananas und Papayas schlendern, zusammen mit frischen Meeresfrüchten, Fleisch und Backwaren. Lokale Gewürze wie Kurkuma, Kardamom und Zimt werden in großen Mengen verkauft und bieten die Möglichkeit, die Aromen von Mauritius mit nach Hause zu nehmen. Neben Lebensmitteln bieten die Märkte auch Textilien, Schmuck und Kunsthandwerk an – der perfekte Ort, um einzigartige Souvenirs zu ergattern, die die vielfältigen kulturellen Einflüsse der Insel widerspiegeln.

Kultureller Schmelztiegel

Die Märkte von Mauritius spiegeln die multikulturelle Identität der Insel wider. Hier treffen sich verschiedene ethnische Gemeinschaften – Inder, Chinesen, Afrikaner und Europäer – und schaffen ein einzigartiges Einkaufserlebnis. Die auf diesen Märkten verkauften Artikel erzählen oft die

Geschichte der Insel und sind von Indiens reichem kulinarischen Erbe, Chinas farbenfrohen Textilien, Afrikas Handwerkstraditionen und Europas kolonialer Vergangenheit geprägt. Die Märkte sind nicht nur Orte des Handels, sondern auch Orte lebendigen und florierenden kulturellen Austauschs. Händler präsentieren stolz ihre Waren und unterhalten sich oft freundlich mit den Kunden. So entsteht eine lebendige Atmosphäre, die den herzlichen und einladenden Geist der Insel verkörpert. Besucher können auf diesen Märkten die Vielfalt von Mauritius hautnah erleben, mit Einheimischen in Kontakt treten und mehr über die reichen kulturellen Traditionen der Insel erfahren.

Streetfood-Köstlichkeiten

Kein Besuch eines mauritischen Marktes wäre komplett, ohne das köstliche Streetfood der Insel zu probieren. Diese Märkte sind ein Treffpunkt für Feinschmecker und bieten eine Vielzahl lokaler Gerichte, die schnell zubereitet, schmackhaft und authentisch sind.**Dhol Puri**, ein mit gelben Spalterbsen gefülltes Fladenbrot, ist eine beliebte Wahl und wird oft mit Curry oder Chutney serviert.**Chili-Kuchen**(Chili-Kuchen) und**Samosas**(herzhaftes Gebäck gefüllt mit gewürztem Gemüse oder Fleisch) sind weitere Snacks, die man unbedingt probieren sollte und die für eine Geschmacksexplosion sorgen. An den Essensständen reihen sich oft lokale Händler, die frisch zubereitete Leckereien anbieten, sodass Besucher eine große Auswahl an mauritischem Streetfood an einem Ort probieren können. Für alle, die den wahren Geschmack der Insel erleben möchten, sind diese Märkte der perfekte Ort, um lokale Aromen zu genießen und dabei durch die geschäftigen Gänge zu schlendern.

Kreolische Küche: Gerichte und Streetfood, die man unbedingt probieren muss

Die kreolische Küche Mauritius‘ ist eine lebendige Fusion von Aromen, die Einflüsse französischer, indischer, chinesischer und afrikanischer kulinarischer Traditionen vereint. Diese einzigartige Mischung der Kulturen hat zu einer reichen und vielfältigen Gastronomieszene geführt, die das multikulturelle Erbe der Insel widerspiegelt. Von der wohligen Wärme eines traditionellen**Hühnercurry**zum schnellen Biss eines knusprigen**Chili-Kuchen**Die kreolische Küche ist ein Fest für die Sinne und ein wesentlicher Bestandteil des Mauritius-Erlebnisses. Ob Sie in einem lokalen Restaurant speisen oder Streetfood auf geschäftigen Märkten probieren, die Aromen von Mauritius werden einen bleibenden Eindruck hinterlassen.

Fusion der Aromen

Die kreolische Küche Mauritius ist ein kulinarischer Schmelztiegel, in dessen Gerichten Aromen der vielfältigen kulturellen Einflüsse der Insel vereint sind.**Rougaille**, ein kreolisches Gericht auf Tomatenbasis, das oft mit Fisch, Hühnchen oder Wurst serviert wird, ist ein typisches mauritisches Gericht. Die Sauce aus Tomaten, Knoblauch, Zwiebeln und einer Mischung aus Gewürzen ist reichhaltig, aromatisch und voller Tiefe. Ein weiteres beliebtes Gericht ist**Vindaye Poisson**, ein würziges Fischcurry, das Senf, Kurkuma und Essig kombiniert und so einen unverwechselbaren Geschmack erzeugt, der sowohl scharf als auch herzhaft ist.**Hühnercurry**, oder Hühnchen-Curry, ist ein weiteres Grundnahrungsmittel, das aus zarten Hühnchenstücken hergestellt wird, die langsam in einer duftenden Gewürzmischung gekocht werden. Dadurch entsteht eine wohltuende und herzhafte Mahlzeit, die perfekt zu Reis oder**Dal Puri**. Diese Gerichte mit ihren kräftigen Aromen und komplexen Gewürzprofilen sind ein wesentlicher Bestandteil der lokalen Mahlzeiten und bieten einen wahren Vorgeschmack auf die mauritische kreolische Küche.

Streetfood-Grundnahrungsmittel

Mauritius Streetfood ist ein wesentlicher Bestandteil der kulinarischen Kultur der Insel und bietet schnelle und schmackhafte Häppchen, die die Essenz kreolischer Aromen einfangen.**Dhol Puri**, eine Art Fladenbrot gefüllt mit gelben Spalterbsen, ist ein beliebter Streetfood-Snack. Es wird typischerweise serviert mit**Curry** oder **Chutney**, was es zu einer perfekten Mahlzeit für unterwegs macht.**Chili-Kuchen**, oder Chilikuchen, sind ein weiterer beliebter Snack – außen knusprig und mit einer würzigen, aromatischen Füllung versehen, bieten sie einen unwiderstehlichen Vorgeschmack auf den kühnen kulinarischen Stil von Mauritius.**Samosas**, mit ihrem knusprigen Teig und der herzhaften Füllung aus gewürzten Kartoffeln oder Hackfleisch, sind ein beliebter Snack auf Märkten und an Straßenständen. Diese Snacks sind nicht nur köstlich, sondern auch ein wesentlicher Bestandteil des mauritischen Erlebnisses. Sie bieten schnelle Häppchen, mit denen

Besucher die Aromen der Insel genießen können, während sie die Insel erkunden.

Kulinarische Erlebnisse

Für diejenigen, die ein traditionelleres Speiseerlebnis suchen,**Kreolischer Zwischenstopp**in Grand Baie bietet authentische kreolische Küche in einem charmanten, traditionellen Ambiente. Hier können Besucher eine große Auswahl an kreolischen Gerichten genießen, von**Rougaille** Zu **Hühnercurry**, zubereitet mit frischen, regionalen Zutaten und serviert in gemütlicher, einladender Atmosphäre. Der Schwerpunkt des Restaurants auf lokalen Aromen und authentischen Zubereitungsmethoden garantiert Besuchern einen authentischen Eindruck der kulinarischen Traditionen von Mauritius. In solchen Restaurants können Reisende das reiche Erbe der mauritischen kreolischen Küche erleben, die mit Sorgfalt und Authentizität zubereitet wird.

Zuckerrohr- und Rum-Touren: Ein Vorgeschmack auf die Geschichte der Insel

Mauritius, eine Insel mit einer reichen Kolonialvergangenheit und einer starken Verbindung zur

Landwirtschaft, verdankt einen Großteil ihrer kulturellen und wirtschaftlichen Entwicklung dem Zuckerrohr. Seit seiner Einführung im 17. Jahrhundert und seiner entscheidenden Rolle in der Geschichte der Insel bildet Zuckerrohr das Herzstück der mauritischen Agrarlandschaft. Neben Zuckerrohr ist auch die Rumproduktion zu einem integralen Bestandteil der Inselidentität geworden. Ein Besuch auf Mauritius bietet die Möglichkeit, bei immersiven Führungen, die ihre Bedeutung hervorheben und sinnliche Erlebnisse bieten, in die Geschichte dieser beiden Industrien einzutauchen. Die Erkundung dieser historischen Stätten ermöglicht es Besuchern, das Erbe der Insel sowohl wirtschaftlich als auch kulturell besser zu verstehen.

Historische Bedeutung

Zuckerrohr ist seit seiner Einführung im frühen 17. Jahrhundert ein zentraler Bestandteil der Wirtschaft und Kultur von Mauritius. Die Pflanze entwickelte sich schnell zum wichtigsten landwirtschaftlichen Produkt der Insel, und die Zuckerproduktion entwickelte sich zu einem wichtigen Teil der Exportindustrie. Während der Kolonialzeit florierte die Zuckerindustrie und prägte das Leben vieler Mauritier und die sozialen und wirtschaftlichen Strukturen der Insel.

Um ein tieferes Verständnis dieses historischen Erbes zu erlangen, können Besucher Folgendes erkunden:**Das Zuckerabenteuer**Museum, gelegen auf dem Gelände einer ehemaligen Zuckerfabrik in Pamplemousses. Dieses Museum bietet einen detaillierten Einblick in die Geschichte des Zuckerrohrs auf Mauritius und zeigt, wie es die Entwicklung der Insel geprägt hat. Die Ausstellungen zeichnen die Entwicklung des Zuckerrohrs von seiner Einführung über seine Entwicklung als Handelsware bis hin zu seiner Rolle in der Arbeitsgeschichte der Insel nach. Besucher erfahren mehr über den Prozess der Zuckerraffination, den Einfluss der Zuckerindustrie auf die Wirtschaft von Mauritius und wie sie die Insel bis heute beeinflusst.

Rumproduktion

Mauritius ist auch für seinen Rum bekannt, ein Produkt, das tief in der Geschichte der Insel verwurzelt ist. Lokale Brennereien wie**Neuer Hain**bieten faszinierende Führungen an, die den Besucher durch den gesamten Rumherstellungsprozess führen, von der Zuckerrohrernte bis zur Destillation des Endprodukts. Während der Tour können die Gäste sehen, wie aus Zuckerrohr Rum hergestellt wird, und lernen die verschiedenen Produktionsmethoden kennen, darunter die traditionelle Rumherstellung auf Melasse- und Zuckerrohrsaftbasis. Diese Destillerien produzieren nicht nur einige der besten Rumsorten der Welt, sondern bieten auch ein umfassendes Erlebnis in der über Generationen verfeinerten Rumherstellung.

Geschmackserlebnisse

Keine Rum-Tour ist komplett ohne ein Verkostungserlebnis. Während dieser Touren haben Besucher die Möglichkeit, eine Vielzahl von Rumsorten zu probieren, von leichten, blumigen Noten bis hin zu kräftigeren, gereiften Sorten. Die Verkostung von Rum aus lokal angebautem Zuckerrohr ist eine hervorragende Möglichkeit, das Erbe der Insel hautnah zu erleben. Die Rumverkostungen beinhalten oft traditionelle**Rum auf Melassebasis**, bekannt für ihre süßen und reichen Aromen, sowie**Zuckerrohrsaft-Rum**, die ein frischeres und erdigeres Profil bieten. Bei diesen Verkostungen geht es nicht nur darum, die Aromen zu genießen; sie bieten auch Einblicke in die Kunst der Rumherstellung und die Geschichte hinter jeder Flasche. Die Besucher werden durch die verschiedenen Rumsorten und ihre unterschiedlichen Aromen geführt und gewinnen so ein tieferes Verständnis für die mauritische Rumtradition.

Kulturfestivals: Mauritius-Traditionen feiern

Mauritius mit seiner reichen kulturellen Vielfalt ist ein Land voller lebendiger Feste, die das multikulturelle Erbe der Insel widerspiegeln. Die Inselbevölkerung, bestehend aus Menschen indischer, afrikanischer, chinesischer und europäischer Herkunft, kommt das ganze Jahr über zusammen, um eine Vielzahl von Festen zu feiern. Diese Feste bieten nicht nur Gelegenheit zum Feiern, sondern bieten Besuchern auch die Möglichkeit, die einzigartigen Traditionen, Bräuche und Glaubensvorstellungen der verschiedenen Gemeinschaften von Mauritius kennenzulernen. Ob Sie sich für spirituelle Rituale, lebhafte Prozessionen oder traditionelle Musik und Tänze interessieren – die Kulturfestivals von Mauritius bieten ein wahrhaft intensives Erlebnis, das Besucher mit dem Herzen der kulturellen Identität der Insel verbindet.

Vielfältige Feiern

Auf Mauritius finden zahlreiche Festivals statt, jedes mit seinen eigenen, besonderen Bräuchen und

Traditionen.**Thaipoosam Cavadee**, ein hinduistisches Fest zu Ehren des Gottes Murugan, ist eines der eindrucksvollsten Ereignisse. Jedes Jahr im Januar oder Februar nehmen Gläubige an farbenfrohen Prozessionen teil und tragen dabei oft kunstvolle Kavadis (verzierte Gebilde) auf ihren Schultern, die ihre Hingabe symbolisieren. Trommelklänge und Gebete erfüllen die Luft, während sich die Gläubigen auf eine spirituelle Reise begeben – ein fesselndes Ereignis für Besucher.

Ein weiteres Festival, das das indianische Erbe der Insel widerspiegelt, ist**Holi**, das Fest der Farben. Holi wird im März gefeiert und ist ein fröhliches Fest, bei dem sich die Menschen gegenseitig mit buntem Pulver bewerfen, um ihre Freude und Verbundenheit zu zeigen. Dieses Fest symbolisiert den Triumph des Guten über das Böse und ist eine Zeit, in der Familien und Gemeinschaften zusammenkommen, tanzen, singen und festliche Mahlzeiten teilen. Die Straßen erstrahlen in leuchtenden Farben und machen es zu einem der aufregendsten Feste der Insel.

Chinesisches Neujahrist ein weiteres bedeutendes Fest auf Mauritius, das von der großen chinesischen Gemeinde der Insel gefeiert wird. Das Fest, das zwischen Januar und

Februar stattfindet, ist geprägt von Drachentänzen, traditionellen Löwentänzen, Feuerwerken und Festen. Tempel auf der ganzen Insel sind mit roten Laternen geschmückt, die Glück und Wohlstand für das kommende Jahr symbolisieren. Die Feierlichkeiten sind eine wunderbare Mischung aus Farbe, Musik und Kultur und bieten Besuchern einen einzigartigen Einblick in das chinesische Erbe der Insel.

Spirituelle und kulturelle Bedeutung

Die Feste auf Mauritius sind tief im spirituellen und kulturellen Glauben der Inselbewohner verwurzelt.**Thaipoosam Cavadee**ist beispielsweise nicht nur ein öffentliches Fest; es ist eine Zeit der persönlichen Besinnung, Hingabe und Buße. Die Teilnehmer unterziehen sich körperlichen Prüfungen, wie dem Tragen des Kavadi, als Akt der Hingabe an den Gott Murugan, um spirituellen Segen und Erfüllung zu erlangen. Die Bedeutung dieses Rituals ist immens, und die Hingabe und Entschlossenheit der Teilnehmer bietet tiefe Einblicke in das kulturelle und religiöse Leben der Insel.

Ähnlich,**Holi**symbolisiert Erneuerung und Frühlingsanfang sowie das Fest der Liebe und Freude. Es ist eine Zeit, in der soziale Barrieren abgebaut werden und Menschen aller Herkunft zusammenkommen, um im Geiste der Einheit zu feiern. Das Fest erinnert an die Bedeutung von Harmonie und Gemeinschaft in der mauritischen Gesellschaft.

Festliche Aktivitäten

Die Teilnahme an diesen Festivals oder die Beobachtung der Aktivitäten ist eine einzigartige Möglichkeit, das reiche kulturelle Erbe der Insel kennenzulernen. Während**Thaipoosam Cavadee**Besucher können Prozessionen und das Tragen von Kavadi miterleben, wobei Gläubige kilometerweit barfuß zum Tempel laufen. Die leuchtenden Farben, die rhythmischen Trommelklänge und die gemeinsame Energie sorgen für ein unvergessliches Erlebnis. Besucher können auch mit Einheimischen in Kontakt treten und mehr über die Bräuche und die Bedeutung des Festes erfahren.

Während **Holi**Die Menschen werfen buntes Pulver in die Luft, tanzen ausgelassen und teilen Süßigkeiten miteinander. Besucher können mitfeiern und in die fröhliche Atmosphäre des Festivals eintauchen. Es ist ein Erlebnis, das Freude und Zusammengehörigkeitsgefühl vermittelt und kulturelle Unterschiede überwindet.

Das chinesische Neujahrsfest bietet eine Reihe spektakulärer Aktivitäten. Besucher können die großen Paraden mit Löwen- und Drachentänzen genießen, die angeblich Glück bringen. Die Märkte sind in dieser Zeit voller festlicher Speisen und Dekorationen – eine hervorragende Gelegenheit, die chinesische Gemeinschaft der Insel kennenzulernen. Festmahle mit traditionellen Speisen wie Teigtaschen und süßem Gebäck werden mit Familie und Freunden geteilt und spiegeln die Herzlichkeit der Inselkultur wider.

Lokale Kunst und Handwerk: Wo Sie authentische Souvenirs finden

Mauritius ist nicht nur ein tropisches Paradies mit atemberaubenden Stränden und einer lebendigen Tierwelt, sondern auch ein Zentrum reicher kultureller Traditionen, die sich in der lokalen Kunst und im Kunsthandwerk widerspiegeln. Die einzigartige Mischung indischer, afrikanischer, chinesischer und europäischer Kulturen hat eine florierende Kunsthandwerksszene hervorgebracht, die Besuchern die Möglichkeit bietet, authentische und bedeutungsvolle Souvenirs mit nach Hause zu nehmen. Ob Textilien, Schmuck oder Wohndeko – der Kauf lokal gefertigter Artikel unterstützt nicht nur talentierte Kunsthandwerker, sondern trägt auch zum Erhalt der traditionellen Handwerkskunst der Insel bei. Dieses Kapitel führt Sie zu den besten Märkten von Mauritius, auf denen Sie echte, handgefertigte Schätze finden können.

Authentische Souvenirs

Auf den mauritischen Märkten wimmelt es von handgefertigten Artikeln, die das reiche kulturelle Erbe der Insel zur Schau stellen.**Der Kunsthandwerksmarkt**Die Caudan Waterfront in Port Louis ist einer der beliebtesten Orte der Insel, um authentische mauritische Souvenirs zu finden. Hier finden Sie eine große Auswahl an Textilien, darunter farbenfrohe handgewebte Körbe, Kleidung und Stoffe, oft mit traditionellen Mustern. Auch Schmuck aus lokalen Materialien wie Muscheln, Korallen und Halbedelsteinen ist in Hülle und Fülle erhältlich – ebenso schöne wie einzigartige Stücke.**Authentischer Basar**, ein weiterer hervorragender Markt, bietet eine ähnlich große

Auswahl an handgefertigten Waren, von Holzschnitzereien und Töpferwaren bis hin zu lokalen Gemälden, die die Landschaft und Kultur der Insel darstellen. Diese Märkte sind ideale Orte, um bedeutungsvolle Geschenke zu kaufen, die Mauritius‘ reiche kulturelle Vielfalt repräsentieren.

Unterstützung für lokale Handwerker

Wenn Sie auf diesen lokalen Märkten einkaufen, bringen Sie nicht nur ein Stück Mauritius mit nach Hause, sondern unterstützen auch die Kunsthandwerker, die von ihrem Handwerk leben. Viele dieser Kunsthandwerker haben ihr Können von Generationen lokaler Hersteller geerbt, und der Kauf ihrer Waren trägt dazu bei, diese traditionellen Techniken zu bewahren. Durch die Wahl lokal hergestellter Produkte leisten Besucher einen direkten Beitrag zur Wirtschaft von Mauritius und tragen zum Erhalt des kulturellen Erbes der Insel bei. Viele dieser Kunsthandwerker sind sehr stolz auf ihre Arbeit, und wenn Sie bei ihnen kaufen, investieren Sie in authentische Handwerkskunst statt in massenproduzierte Souvenirs. So unterstützen Sie die lokale Gemeinschaft und stellen sicher, dass diese Fähigkeiten auch für zukünftige Generationen erhalten bleiben.

Einzigartige Angebote

Die Artikel, die Sie auf diesen Märkten finden, sind mehr als nur Souvenirs – sie sind Teile der Geschichte und Kultur von Mauritius. Von kunstvoll gestalteten Textilien bis hin zu handgeschnitzten Holzstatuen spiegelt jedes Stück die vielfältigen kulturellen Einflüsse der Insel wider. Viele der Textilien zeichnen sich beispielsweise durch leuchtende Farben und Muster aus, die von traditionellen afrikanischen, indischen und kreolischen Motiven inspiriert sind, während der Schmuck oft aus natürlichen Materialien der Insel besteht. Diese einzigartigen Kreationen sind liebevolle und persönliche Souvenirs und vermitteln Besuchern eine tiefere Verbindung zur Insel und ihren reichen künstlerischen Traditionen. Ob Keramik oder handgewebter Korb – jedes Stück erzählt eine Geschichte und ist eine bleibende Erinnerung an Ihre Zeit auf Mauritius.

Kapitel 5: Abenteuer und Nervenkitzel auf Mauritius

Tauchen und Schnorcheln: Die Unterwasserwelt von Mauritius

Mauritius ist nicht nur ein tropisches Paradies über Wasser, sondern besticht auch durch seine lebendige Unterwasserwelt, die Taucher und Schnorchler aus aller Welt anzieht. Das klare, blaue Wasser der Insel beherbergt einige der vielfältigsten und spektakulärsten Meeresökosysteme der Welt. Von farbenfrohen Korallenriffen bis hin zu Schiffswracks voller Meereslebewesen bietet Mauritius eine Fülle von Unterwassererlebnissen, die Besuchern die reiche Unterwasserwelt näherbringen. Ob erfahrener Taucher oder Schnorchler-Neuling, die Insel bietet eine unvergessliche Gelegenheit, ihre Unterwasserschätze zu erkunden.

Tauch-Hotspots

Mauritius ist für seine vielfältigen und unberührten Tauchplätze bekannt und ist daher ein Top-Reiseziel für Unterwassererkundungen.**Bräutigam-Münze**, vor der Nordküste gelegen, ist einer der berühmtesten Tauchplätze der Insel. Der Tauchplatz besticht durch klares Wasser und eine reiche Unterwasserwelt, darunter Schwärme tropischer

Fische, Rochen und sogar gelegentlich Haie. Die Tauchplätze hier bieten außerdem eine spektakuläre Unterwasserlandschaft mit tiefen Abhängen und versteckten Höhlen, die es zu erkunden gilt.

Grand Baie, an der Nordküste der Insel, ist ein weiteres beliebtes Tauchziel. Hier können Taucher sowohl die Korallenriffe als auch versunkene Schiffswracks erkunden – ein spannender Ort für alle, die eine Mischung aus Meereslebewesen und Unterwassergeschichte suchen. Die**Trou-aux-Biches**Das Gebiet ist ebenso berühmt für seine flachen Korallenriffe, die eine Vielzahl von Meeresarten beherbergen. Das ruhige, warme Wasser bietet sowohl Anfängern als auch erfahrenen Tauchern eine sichere Umgebung, um die Unterwasserwelt zu entdecken.

Diese Tauch-Hotspots bieten Tauchern die Möglichkeit, eine große Vielfalt an Meereslebewesen zu beobachten, von bunten Fischen und leuchtenden Korallen bis hin zu größeren Meeresbewohnern wie Delfinen und Rochen. Bei jedem Tauchgang haben Besucher die Möglichkeit, die vielfältigen Ökosysteme zu erleben, die die Unterwasserwelt von Mauritius so besonders machen.

Schnorchelplätze

Für diejenigen, die lieber näher an der Oberfläche bleiben möchten,**Blue Bay Marine Park**ist einer der besten Schnorchelplätze der Insel. Dieser geschützte Meerespark bietet kristallklares Wasser und eine unglaubliche Vielfalt an Meereslebewesen. Besucher können den Park bequem vom Strand aus erreichen, was ihn ideal für Schnorchelanfänger macht. Das flache Wasser beherbergt farbenfrohe Korallengärten und eine große Vielfalt an Fischarten und sorgt für ein unvergessliches Unterwassererlebnis.

Ein weiteres großartiges Schnorchelziel ist**Strand Belle Mare**, an der Ostküste von Mauritius gelegen. Mit seinem ruhigen, türkisfarbenen Wasser und der reichen Meeresbiodiversität bietet Belle Mare sowohl Anfängern als auch erfahrenen Schnorchlern ein fantastisches Schnorchelerlebnis. Das warme, flache Wasser eignet sich perfekt zum Erkunden der Korallenriffe, wo Sie farbenfrohen Fischen, Meeresschildkröten und anderen Meeresbewohnern begegnen.

Sowohl der Blue Bay Marine Park als auch der Belle Mare Beach bieten eine entspanntere Möglichkeit, die

Unterwasserökosysteme der Insel zu erkunden, sodass Besucher die Schönheit des Meereslebens von Mauritius genießen können, ohne in große Tiefen tauchen zu müssen.

Bemühungen zum Schutz der Meere

Mauritius engagiert sich für den Schutz seiner Meeresumwelt, mit Initiativen wie der**Blue Bay Marine Park**, die eine entscheidende Rolle beim Schutz der Korallenriffe und Meerestiere der Insel spielt. Diese Naturschutzbemühungen tragen dazu bei, dass auch zukünftige Generationen die gleiche unglaubliche Unterwasserwelt erleben können, die Mauritius zu einem so besonderen Reiseziel macht. Durch die Unterstützung dieser Initiativen und die Teilnahme an nachhaltigen Tauch- und Schnorchelpraktiken tragen Besucher zu den laufenden Bemühungen zum Schutz der empfindlichen Ökosysteme der Insel bei.

Bemühungen zum Schutz der Riffe, darunter Riffrestaurierungsprojekte und Vorschriften für die Fischerei, tragen dazu bei, die Gesundheit und Vielfalt des Meereslebens auf Mauritius zu erhalten. Durch den Besuch dieser Schutzgebiete erleben Reisende nicht nur die unglaubliche Unterwasserschönheit der Insel, sondern tragen auch zum Erhalt dieser einzigartigen Umwelt bei.

Wassersport: Kitesurfen, Windsurfen und mehr

Mauritius ist mit seinem warmen, türkisfarbenen Wasser, den konstanten Winden und der atemberaubenden Küstenlandschaft ein Paradies für Wassersportler. Egal, ob Sie ein erfahrener Adrenalinjunkie oder ein Anfänger sind, der etwas Neues ausprobieren möchte, Mauritius bietet eine breite Palette an Wassersportarten für alle Interessen und Könnerstufen. Vom Adrenalinrausch beim Kitesurfen bis zum entspannten Vergnügen beim Paddleboarding – die Gewässer der Insel eignen sich perfekt, um Ihre Grenzen zu erkunden und zu erweitern. Mit idealen Standorten und professionellen Trainingszentren ist Mauritius einer der besten Orte der Welt, um Wassersport zu betreiben.

Kitesurfen und Windsurfen

Mauritius ist weltweit bekannt für seine erstklassigen Bedingungen für**Kitesurfen** Und **Windsurfen**, insbesondere rund um die**Le Morne**Die Region ist bekannt für ihre konstanten Passatwinde, das flache Wasser und die weiten, offenen Flächen und ist daher ein beliebtes Reiseziel für Anfänger und erfahrene Profis. Die Windverhältnisse sind ideal zum Erlernen und Perfektionieren Ihrer Fähigkeiten. Die flachen Gewässer bieten einen einfachen Zugang und viel Platz zum Navigieren.

Die natürliche Schönheit von Le Morne trägt zum Reiz bei. Die dramatische Bergkulisse und die ausgedehnte Küste bieten eine spektakuläre Kulisse für diese energiegeladenen Sportarten. Egal, ob Sie zum ersten Mal den Wind spüren oder bereits ein erfahrener Surfer sind, die Bedingungen in Le Morne bieten ein dynamisches Umfeld für Kitesurfen und Windsurfen. Zahlreiche Zentren, wie zum Beispiel**Ion Club**, bieten Leihausrüstung, Unterricht und geführte Sitzungen an und stellen sicher, dass jeder, vom Anfänger bis zum fortgeschrittenen Sportler, diese aufregenden Sportarten sicher genießen kann.

Andere Wasseraktivitäten

Neben Kitesurfen und Windsurfen bietet Mauritius eine breite Palette von**Wasseraktivitäten**für jeden Geschmack. Wer es lieber gemütlicher mag,**Kajakfahren** Und **Paddle-Paddling**sind fantastische Möglichkeiten, die ruhigen

Lagunen und die Küste der Insel zu erkunden. Bei beiden Aktivitäten können Sie die atemberaubende Landschaft in Ihrem eigenen Tempo genießen und durch das kristallklare Wasser gleiten, während Sie das pulsierende Meeresleben unter der Oberfläche beobachten.

Für etwas Einzigartigeres können Besucher versuchen**Meereswanderung**, bei dem Sie mit einem Spezialhelm in seichte Gewässer abtauchen und über den Meeresboden laufen. Diese Aktivität bietet eine unglaubliche Gelegenheit, die Unterwasserwelt hautnah zu erleben, ohne einen Tauchschein zu benötigen. Die sanften Strömungen im seichten Wasser von Mauritius schaffen ein ideales Umfeld für all diese Aktivitäten und stellen sicher, dass jeder – von der Familie bis zum Alleinreisenden – etwas Passendes für seine Interessen findet.

Sicherheit und Training

Sicherheit hat beim Wassersport oberste Priorität und auf Mauritius gibt es zahlreiche Zentren, die professionelles Training und Ausrüstungsverleih anbieten. Egal, ob Sie lernen**Kitesurfen**,**Windsurfen**, oder jede andere Wassersportart – diese Schulen garantieren Ihnen fachkundige Anleitung, die Ihre Sicherheit gewährleistet und Ihnen hilft, das Beste aus Ihrem Erlebnis zu machen. Mit ausgebildeten Lehrern für alle Niveaus, vom Anfänger bis zum Fortgeschrittenen, können Sie diese Aktivitäten mit Zuversicht genießen, da Sie wissen, dass Sie von erfahrenen Profis angeleitet werden. Diese Zentren bieten auf Ihr Können zugeschnittenen Unterricht an, sodass Sie unabhängig von Ihrer Erfahrung einen Lehrer und eine Gruppe finden, die zu Ihnen passt.

Wassersport: Kitesurfen, Windsurfen und mehr

Mauritius ist mit seinem warmen, türkisfarbenen Wasser, den konstanten Winden und der atemberaubenden Küstenlandschaft ein Paradies für Wassersportler. Egal, ob Sie ein erfahrener Adrenalinjunkie oder ein Anfänger sind, der etwas Neues ausprobieren möchte, Mauritius bietet eine breite Palette an Wassersportarten für alle Interessen und Könnerstufen. Vom Adrenalinrausch beim Kitesurfen bis zum entspannten Vergnügen beim Paddleboarding – die Gewässer der Insel eignen sich perfekt, um Ihre Grenzen zu erkunden und zu erweitern. Mit idealen Standorten und professionellen Trainingszentren ist Mauritius einer der besten Orte der Welt, um Wassersport zu betreiben.

Kitesurfen und Windsurfen

Mauritius ist weltweit bekannt für seine erstklassigen Bedingungen für**Kitesurfen** Und **Windsurfen**, insbesondere rund um die**Le Morne**Die Region ist bekannt für ihre konstanten Passatwinde, das flache Wasser und die weiten, offenen Flächen und ist daher ein beliebtes Reiseziel für Anfänger und erfahrene Profis. Die Windverhältnisse sind ideal zum Erlernen und Perfektionieren Ihrer Fähigkeiten. Die flachen Gewässer bieten einen einfachen Zugang und viel Platz zum Navigieren.

Die natürliche Schönheit von Le Morne trägt zum Reiz bei. Die dramatische Bergkulisse und die ausgedehnte Küste bieten eine spektakuläre Kulisse für diese energiegeladenen Sportarten. Egal, ob Sie zum ersten Mal den Wind spüren oder bereits ein erfahrener Surfer sind, die Bedingungen in Le Morne bieten ein dynamisches Umfeld für Kitesurfen und Windsurfen. Zahlreiche Zentren, wie zum Beispiel**Ion Club**, bieten Leihausrüstung, Unterricht und geführte Sitzungen an und stellen sicher, dass jeder, vom Anfänger bis zum fortgeschrittenen Sportler, diese aufregenden Sportarten sicher genießen kann.

Andere Wasseraktivitäten

Neben Kitesurfen und Windsurfen bietet Mauritius eine breite Palette von**Wasseraktivitäten**für jeden Geschmack. Wer es lieber gemütlicher mag,**Kajakfahren** Und **Paddle-Paddling**sind fantastische Möglichkeiten, die ruhigen Lagunen und die Küste der Insel zu erkunden. Bei beiden Aktivitäten können Sie die atemberaubende Landschaft in Ihrem eigenen Tempo genießen und durch das kristallklare Wasser gleiten, während Sie das pulsierende Meeresleben unter der Oberfläche beobachten.

Für etwas Einzigartigeres können Besucher versuchen**Meereswanderung**, bei dem Sie mit einem Spezialhelm in seichte Gewässer abtauchen und über den Meeresboden laufen. Diese Aktivität bietet eine unglaubliche Gelegenheit, die Unterwasserwelt hautnah zu erleben, ohne einen Tauchschein zu benötigen. Die sanften Strömungen im seichten Wasser von Mauritius schaffen ein ideales Umfeld für all diese Aktivitäten und stellen sicher, dass jeder – von der Familie bis zum Alleinreisenden – etwas Passendes für seine Interessen findet.

Sicherheit und Training

Sicherheit hat beim Wassersport oberste Priorität und auf Mauritius gibt es zahlreiche Zentren, die professionelles Training und Ausrüstungsverleih anbieten. Egal, ob Sie lernen**Kitesurfen**,**Windsurfen**, oder jede andere Wassersportart – diese Schulen garantieren Ihnen fachkundige Anleitung, die Ihre Sicherheit gewährleistet und Ihnen hilft, das Beste aus Ihrem Erlebnis zu machen. Mit ausgebildeten Lehrern für alle Niveaus, vom Anfänger bis zum Fortgeschrittenen, können Sie diese Aktivitäten mit Zuversicht genießen, da Sie wissen, dass Sie von erfahrenen Profis angeleitet werden. Diese Zentren bieten auf Ihr Können zugeschnittenen Unterricht an, sodass Sie unabhängig von Ihrer Erfahrung einen Lehrer und eine Gruppe finden, die zu Ihnen passt.

Golfen im Paradies: Die besten Golfplätze auf Mauritius

Mauritius ist nicht nur für seine atemberaubenden Strände und das kristallklare Wasser bekannt, sondern gilt auch als erstklassiges Golfziel. Mit einer Reihe von Weltklasse-Plätzen in malerischer Umgebung bietet die Insel Golfern aller Spielstärken die Möglichkeit, in einer idyllischen Umgebung zu spielen. Ob erfahrener Golfer auf der Suche nach einer Herausforderung oder Anfänger, der eine Runde in atemberaubender Umgebung genießen möchte – Mauritius bietet die perfekte Kulisse für ein unvergessliches Golferlebnis.

Top Golfplätze

Mauritius verfügt über mehrere renommierte Golfplätze, die jeweils einzigartige Herausforderungen und atemberaubende Ausblicke bieten, die jede Runde zu etwas Besonderem machen.**Heritage Golf Club**, im Süden der Insel gelegen, ist einer der herausragendsten Plätze. Dieser 18-Loch-Par-72-Platz wurde vom legendären Peter Matkovich entworfen und fügt sich nahtlos in die natürliche Landschaft ein. Er bietet einen Panoramablick auf den Indischen Ozean und die üppige Landschaft. Der Platz ist anspruchsvoll, aber lohnend. Seine Fairways und Grüns sind von wunderschönen Bäumen und Wasserhindernissen gesäumt und machen ihn zu einem Muss für jeden Golfer.

Ein weiterer außergewöhnlicher Kurs ist**Anahita Golf Club**, an der Ostküste der Insel gelegen. Dieser 18-Loch-Meisterschaftsplatz (Par 72) wurde von Ernie Els, einem der erfolgreichsten Golfer aller Zeiten, entworfen. Der Platz bietet breite Fairways, strategisch platzierte Bunker und einen atemberaubenden Blick auf die umliegenden Hügel und türkisfarbenen Lagunen. Der Anahita Golf Club ist bekannt für seinen hervorragenden Zustand und die Ruhe, die er den Spielern bietet. Er ist eine fantastische Option für alle, die Herausforderung und Ruhe suchen.

Schließlich**Deer Island Golf Club**, auf einer privaten Insel gelegen, bietet eines der malerischsten Golferlebnisse der Welt. Der von Bernhard Langer entworfene 18-Loch-Par-72-Platz liegt auf einer wunderschönen Insel, umgeben von kristallklarem Wasser und weißen Sandstränden. Mit üppigem Grün, strategisch platzierten Wasserhindernissen und einem spektakulären Meerblick ist Île aux Cerfs ein Traum für Golfer. Die Insel ist per Boot erreichbar, und schon die Anreise trägt zum Charme dieses atemberaubenden Platzes bei.

Meisterschaftsveranstaltungen

Mauritius hat sich zu einem beliebten Ziel für internationale Golfveranstaltungen entwickelt und ist das ganze Jahr über Austragungsort mehrerer prestigeträchtiger Turniere. Die Top-Plätze der Insel ziehen Golfer aus aller Welt an, darunter auch Profis, die an Veranstaltungen wie dem**Mauritius Open**, Teil der European Tour. Diese Turniere bringen die weltbesten Golfer zusammen und unterstreichen den wachsenden Ruf der Insel als erstklassige Golfdestination. Für Besucher ist die Teilnahme an einem dieser Events eine spannende Möglichkeit, die lebendige Golf-Community der Insel kennenzulernen und die Atmosphäre eines hochkarätigen Wettbewerbs zu genießen.

Anlagen und Ausstattung

Die Golfplätze auf Mauritius sind mit hochmodernen Anlagen ausgestattet und garantieren jedem Golfer ein erstklassiges Erlebnis. Übungsanlagen, gut sortierte Pro-Shops und hochwertige Leihausrüstung sorgen dafür, dass Besucher alles haben, was sie für eine erfolgreiche Runde benötigen. Nach einem Tag auf dem Platz können Golfer in den luxuriösen Clubhäusern entspannen, die eine Vielzahl von Annehmlichkeiten bieten, darunter gehobene Restaurants, Spas und Fitnesscenter. Viele der Plätze befinden sich in Luxusresorts, in denen Besucher zusätzliche Freizeitaktivitäten wie Spas, Wassersport und Strandentspannung genießen können. Die Liebe zum Detail sowohl beim Golferlebnis als auch bei den umliegenden Annehmlichkeiten macht Mauritius zu einem idealen Reiseziel für Golfbegeisterte, die sowohl Abenteuer als auch Entspannung suchen.

Ziplining und Canyoning: Für Abenteuerlustige

Mauritius bietet nicht nur wunderschöne Strände und ruhige Landschaften – es ist auch ein Paradies für Adrenalinliebhaber. Die Insel bietet eine Reihe spannender Abenteueraktivitäten, die Ihr Herz höher schlagen lassen und eine unvergessliche Möglichkeit bieten, die atemberaubende Natur zu erkunden. Zu den beliebtesten Optionen gehören**Seilrutsche** Und **Canyoning**, die Ihnen eine einzigartige Möglichkeit bieten, die abwechslungsreiche Landschaft von Mauritius zu erleben und gleichzeitig Ihr Bedürfnis nach Spannung zu befriedigen. Ob Sie durch die Baumwipfel schweben oder kaskadenartige Wasserfälle bezwingen, diese Abenteueraktivitäten bieten unvergleichlichen Nervenkitzel in der wilden Landschaft von Mauritius.

Ziplining-Standorte

Mauritius bietet einige der aufregendsten Ziplining-Erlebnisse im Indischen Ozean. Zwei der besten Orte sind**Tal der Farben** Und **Casela Naturparks**. Beide Parks verfügen über ausgedehnte Seilrutschen, die es Ihnen ermöglichen, hoch über die atemberaubende Landschaft der Insel zu schweben. Bei**Tal der Farben**Gleiten Sie über üppige Wälder, grüne Täler und rauschende Flüsse und erleben Sie die Naturschönheit von Mauritius aus der Vogelperspektive. Die Seilrutschen-Strecken zählen zu den längsten im Indischen Ozean und bieten sowohl erfahrenen Abenteurern als auch Anfängern ein aufregendes Erlebnis.

Naturpark Caselabietet außerdem ein aufregendes Ziplining-Abenteuer, bei dem Besucher über Canyons und hoch über die wunderschöne Landschaft des Parks sausen können, inklusive atemberaubender Ausblicke auf den Berg Le Morne Brabant. Die verschiedenen Zipline-Strecken des Parks bieten für jeden Geschmack etwas und machen ihn zu einem idealen Ausflugsziel für Familien und Freundesgruppen. Mit der Kombination aus adrenalingeladener Geschwindigkeit und atemberaubendem Panoramablick ist Ziplining auf Mauritius ein Muss für alle, die die Naturschönheit der Insel aus einer anderen Perspektive erleben möchten.

Canyoning-Abenteuer

Für diejenigen, die ein noch adrenalinreicheres Erlebnis wünschen,**Canyoning** bei **Tamarind Falls**ist eine aufregende Option. Dieser beliebte Canyoning-Spot bietet ein unvergessliches Abenteuer: Sie steigen durch die üppige Landschaft der Insel hinab, navigieren über natürliche Rutschen, seilen sich an Wasserfällen ab und springen in kristallklare Pools. Die Reise durch den Canyon führt Sie vorbei an einigen der malerischsten Landschaften der Insel, umgeben von gewaltigen Wasserfällen, Felsformationen und üppiger tropischer Vegetation.

Canyoning an den Tamarind Falls bietet eine Kombination aus Spannung und Naturschönheit. Erfahrene Guides sorgen während des gesamten Abenteuers für Ihre Sicherheit. Ob Sie Felsen hinunterrutschen, in Süßwasserpools springen oder sich von Klippen abseilen – diese aufregende Aktivität ist perfekt für alle, die die wilde Seite von Mauritius auf eine mutigere Art erkunden möchten.

Sicherheitsmaßnahmen

Während Ziplining und Canyoning auf Mauritius ein aufregendes Abenteuer bieten, steht die Sicherheit immer an erster Stelle. Alle Aktivitäten werden unter Anleitung professioneller Instruktoren durchgeführt, die nach internationalen Sicherheitsstandards geschult sind. Beide**Tal der Farben** Und **Naturpark Casela**, sowie **Tamarind Falls**, stellen Sie sicher, dass die gesamte Ausrüstung regelmäßig gewartet und die Sicherheitsprotokolle strikt eingehalten werden. Egal, ob Sie mit der Seilrutsche durch die Bäume sausen oder sich an Wasserfällen abseilen, Sie können sich sicher fühlen, da Sie wissen, dass Sie in den Händen erfahrener Profis sind und das Abenteuer ohne Sorgen in vollen Zügen genießen können.

Kapitel 6: Wellness und Entspannung

Spas und Wellness-Retreats: Entspannen und neue Energie tanken

Mauritius, bekannt für seine idyllischen Strände und üppigen Landschaften, ist auch ein Ort der Entspannung und Erholung. Die Insel bietet eine Reihe von Weltklasse-**Spas und Wellness-Retreats**Die sich auf körperliches, geistiges und emotionales Wohlbefinden konzentrieren. Ob Sie einen ruhigen Rückzugsort zum Entspannen oder ein intensiveres Wellness-Erlebnis zum Auftanken suchen, Mauritius bietet die perfekte Umgebung. Umgeben von der Schönheit der Natur kombinieren diese Rückzugsorte moderne Therapien mit traditionellen Praktiken und schaffen so eine friedliche Atmosphäre für ultimative Entspannung.

Top Wellness-Retreats

Auf Mauritius gibt es mehrere luxuriöse Wellness-Resorts, die sich an alle richten, die ganzheitliches Wohlbefinden erleben möchten.**Maritim Resort & Spa**Das an der Nordwestküste gelegene Hotel bietet ein umfassendes

Wellness-Erlebnis mit einzigartigen Behandlungen, die internationale Spa-Techniken mit lokalen Traditionen verbinden. Die Gäste können eine Reihe von Dienstleistungen genießen, von entspannenden Hot-Stone-Massagen bis hin zu belebenden Gesichtsbehandlungen und Hydrotherapie-Sitzungen. Das**Royal Palm Beachcomber**Das renommierte Fünf-Sterne-Resort bietet maßgeschneiderte Wellnessprogramme mit Yoga, Fitnessaktivitäten und individuellen Spa-Behandlungen zur Entspannung und Regeneration. Die Retreats konzentrieren sich auf ganzheitliche Gesundheitsansätze und bieten Gästen die Möglichkeit, inmitten der Naturschönheiten der Insel zu entspannen, neue Kraft zu schöpfen und Wellness zu genießen.

Für diejenigen, die ein intensiveres Erlebnis suchen,**Heritage Original Golf & Spa Resort**ist eine ausgezeichnete Wahl. Dieses Resort bietet Wellness-Pakete, die Spa-Behandlungen mit nahrhaften Mahlzeiten und Wellness-Workshops kombinieren. Der Fokus auf gesundes Leben und Entgiftung macht es ideal für Gäste, die sowohl geistig als auch körperlich neue Kraft tanken möchten. Das Resort bietet eine ruhige Atmosphäre, in der Gäste die erholsame Kraft der Natur und die therapeutische Wirkung der Spa-Behandlungen erleben können.

Wellness-Pakete

Viele Resorts auf Mauritius bieten Wellness-Pakete zur Entspannung, Entgiftung und für ein allgemeines Wohlbefinden an. Diese Pakete beinhalten oft eine Kombination aus Spa-Behandlungen, gesunden Mahlzeiten, Fitness-Einheiten und Workshops zur Förderung von Selbstfürsorge und Achtsamkeit. Zum Beispiel:**Heritage Original Golf & Spa Resort**bietet Wellness-Pakete an, die den Gästen helfen, zu entspannen, ihre allgemeine Gesundheit zu verbessern und einen ausgeglicheneren Lebensstil zu entwickeln. Gäste können sich mit ganzheitlichen Spa-Behandlungen verwöhnen lassen, an Yoga- und Meditationssitzungen teilnehmen und Mahlzeiten genießen, die den Körper nähren und das Gleichgewicht wiederherstellen.

Diese Wellness-Pakete sind auf die individuellen Bedürfnisse der Gäste zugeschnitten und bieten ein personalisiertes Erlebnis, das körperliche Entspannung und geistige Erholung fördert. Ob Sie entgiften, Ihren Schlaf verbessern oder einfach eine Pause vom Alltagsstress machen möchten – diese umfassenden Wellness-Pakete bieten die Komplettlösung für Entspannung und Erholung.

Ganzheitlicher Ansatz für das Wohlbefinden

Was die Wellness-Resorts auf Mauritius auszeichnet, ist ihre**ganzheitlicher Ansatz für die Gesundheit**Viele Resorts kombinieren westliche Spa-Behandlungen mit traditionellen mauritischen Heilmethoden und bieten so den Gästen das Beste aus beiden Welten. Dieser Ansatz konzentriert sich auf die Wiederherstellung des Gleichgewichts von Körper, Geist und Seele, hilft den Besuchern, besser zu schlafen, Stress abzubauen und ihren Körper zu regenerieren. Die ruhige Naturlandschaft ergänzt die Behandlungen und schafft eine harmonische Umgebung, in der die Gäste vollkommen entspannen können.

In diesen Retreats können Gäste die Ruhe und Stille der Naturschönheit von Mauritius genießen und sich gleichzeitig Behandlungen gönnen, die den Körper entgiften und langfristiges Wohlbefinden fördern. Die reichen botanischen Ressourcen der Insel werden oft in die Behandlungen einbezogen. Einheimische Pflanzen werden in allen Bereichen verwendet, von Hautpflegeprodukten bis hin zur Aromatherapie, um das Gefühl der Verbundenheit mit der Natur der Insel zu stärken.

Yoga und Meditation: Inneren Frieden finden

Mauritius ist nicht nur ein Reiseziel für Sonnenhungrige und Abenteuerlustige, sondern auch ein Zufluchtsort für alle, die innere Ruhe und Entspannung suchen. Mit seinen ruhigen Stränden, üppigen Landschaften und der friedlichen Atmosphäre bietet Mauritius den perfekten Rahmen für Yoga- und Meditations-Retreats. Ob erfahrener Praktizierender oder Anfänger, die Wellness-Resorts der Insel bieten eine einzigartige Gelegenheit, das Gleichgewicht wiederherzustellen, die Achtsamkeit zu verbessern und sich mit dem eigenen Selbst und der Natur zu verbinden. Die Kombination aus ruhiger Umgebung und fachkundig geleiteten Sitzungen macht Mauritius zu einem wahren Paradies für alle, die spirituelle und emotionale Erneuerung suchen.

Yoga-Retreats

Auf Mauritius gibt es zahlreiche Yoga-Retreats, die den Gästen die Möglichkeit bieten, ihre Praxis zu vertiefen und gleichzeitig die natürliche Schönheit der Insel zu genießen. Resorts wie**Anahita Golf Resort** Und **Shanti Maurice**sind auf Yoga- und Wellnessprogramme spezialisiert und bieten jeweils einzigartige Angebote zur Förderung von Entspannung, Achtsamkeit und körperlicher Ausrichtung. Diese Retreats bieten oft tägliche Yoga-Sitzungen für verschiedene Niveaus, vom Anfänger bis zum Fortgeschrittenen, und legen Wert auf ganzheitliches Wohlbefinden. Bei Yoga-Kursen in offenen, ruhigen Räumen mit Blick auf das Meer oder umgeben von üppigem Grün steht die Verbindung von Geist, Körper und Natur im Mittelpunkt des Erlebnisses.

Gäste können in Praktiken wie Hatha Yoga, Vinyasa und Restorative Yoga eintauchen, die Flexibilität, Kraft und Gleichgewicht verbessern und gleichzeitig den Geist beruhigen. Neben Yoga-Sitzungen beinhalten diese Retreats nahrhafte, pflanzliche Mahlzeiten, die die Entgiftung unterstützen und die allgemeine Gesundheit fördern. Spa-Behandlungen wie Massagen und Gesichtsbehandlungen ergänzen die Yoga-Übungen und sorgen für vollkommene Entspannung. Einige Retreats bieten auch**Yogalehrerausbildung**und zieht Yoga-Praktizierende aus der ganzen Welt an, die ihre Fähigkeiten verbessern und ihre Praxis in einer inspirierenden Umgebung vertiefen möchten.

Meditationspraktiken

Meditation spielt in vielen Yoga-Retreats auf Mauritius eine wichtige Rolle und bietet eine wirkungsvolle Ergänzung zur körperlichen Yoga-Praxis. Resorts wie**Shanti Maurice** Und **Sannyasa Wellness**bieten Meditationssitzungen mit angeleiteten Achtsamkeitsübungen, Klangtherapie und Atemübungen an. Diese Sitzungen sollen den Gästen helfen, geistige Klarheit, emotionale Ausgeglichenheit und eine tiefere Verbindung zu ihrer Umgebung zu entwickeln.

Sannyasa Wellness, konzentriert sich insbesondere auf die therapeutischen Aspekte der Meditation und bietet eine Reihe von Übungen an, die helfen, Stress zu bewältigen, das Selbstbewusstsein zu stärken und emotionale Heilung zu erreichen. Bei den Meditationsübungen in diesen Retreats geht es nicht nur darum, still zu sitzen; sie fördern tiefe Selbstbeobachtung, emotionale Entspannung und geistige Ruhe. Ob durch geführte Visualisierung, Mantra-Meditation oder Klangtherapie – diese Übungen helfen den Gästen, inneren Frieden zu finden und dieses Gefühl der Ruhe in ihren Alltag zu übertragen.

Geführte Meditation und Naturintegration

Viele Resorts auf Mauritius integrieren Meditation in die natürliche Schönheit der Insel und ermöglichen ihren Gästen, in ruhiger Umgebung im Freien zu meditieren, was das Erlebnis noch verstärkt. Stellen Sie sich vor, Sie meditieren am Strand mit dem sanften Rauschen der Wellen im Hintergrund oder üben tiefes Atmen in den üppigen Gärten eines Wellness-Resorts.**Das gute Leben Mauritius**bietet Meditationssitzungen in der Natur an und hilft den Gästen, in die Natur einzutauchen und gleichzeitig den Geist zu beruhigen. Diese Meditationsübungen im Freien sollen helfen, mentale Unordnung zu beseitigen, die Entspannung zu vertiefen und die Achtsamkeit zu steigern, während man gleichzeitig mit der ruhigen Umgebung der Insel in Kontakt kommt.

Die Konzentration auf die Natur während der Meditation verstärkt nicht nur die beruhigende Wirkung der Praxis, sondern lässt die Gäste sich auch geerdeter, erholter und mit der Welt um sie herum verbundener fühlen. In einer solch ruhigen Umgebung mit den Sehenswürdigkeiten und Geräuschen der Natur zu sein, sorgt für zusätzliche Entspannung und ein tieferes Wohlbefinden.

Mauritius als Wellness-Reiseziel: Verjüngung von Körper und Geist

Mauritius ist bekannt für seine ruhigen Strände, üppigen Landschaften und tropische Schönheit, entwickelt sich aber auch schnell zu einem Top-Wellnessziel für alle, die Erholung und Entspannung suchen. Im Laufe der Jahre hat sich die Insel zu einem Paradies für gesundheitsbewusste Reisende entwickelt, die entspannen, neue Kraft tanken und wieder mit der Natur in Einklang kommen möchten. Mit erstklassigen Wellness-Resorts, die eine Reihe ganzheitlicher Behandlungen, Fitnessprogramme und Spa-Therapien anbieten, bietet Mauritius ein ideales Umfeld für die Pflege von Körper und Geist. Von luxuriösen Spa-Behandlungen bis hin zu Entgiftungsprogrammen verspricht dieses tropische Paradies jedem Wellness-Interessierten ein transformierendes Erlebnis.

Fokus auf Gesundheit und Wohlbefinden

Mauritius hat sich zu einem erstklassigen Wellness-Hotspot entwickelt und zieht Reisende aus aller Welt an, die nicht nur Erholung, sondern auch Gesundheit und Vitalität suchen. Die natürliche Schönheit der Insel, die ruhigen Strände und die friedliche Umgebung machen sie zur perfekten Kulisse für einen Wellness-Urlaub. Die Luxusresorts der Insel, darunter**Shanti Maurice** Und **Anahita Golf Resort**bieten umfassende Wellnessprogramme, die moderne Spa-Therapien mit traditionellen Heilmethoden verbinden. Diese Resorts bieten Dienstleistungen wie erholsame Massagen, Hydrotherapie und Hautbehandlungen an und schaffen so eine ruhige Atmosphäre, die Entspannung und körperliche Erneuerung fördert.

Ergänzend zu den Spa-Angeboten sorgen Fitnessprogramme und ganzheitliche Heilsitzungen für ein ausgewogenes Verhältnis von Körper und Geist. Viele Resorts haben Wellness in ihr Kernangebot integriert und bieten Gästen so die Möglichkeit, nicht nur ihre körperliche Gesundheit, sondern auch ihr emotionales und geistiges Wohlbefinden zu verbessern. Die Kombination aus erholsamen Spa-

Behandlungen und Fitnessprogrammen sorgt dafür, dass sich die Gäste ausgeglichen, erholt und revitalisiert fühlen.

Verjüngungsprogramme

Die Wellness-Resorts auf Mauritius bieten eine umfangreiche Palette an Regenerationsprogrammen, die auf individuelle Bedürfnisse zugeschnitten sind. Detox-Programme sind ein gängiges Programm, das den Körper von Giftstoffen befreit und das allgemeine Wohlbefinden fördert. Diese Programme umfassen typischerweise gesunde Ernährungspläne, Entspannungstherapien und entgiftende Behandlungen wie Kräuterpackungen, Dampfbäder und reinigende Säfte. Ein weiterer Schwerpunkt dieser Retreats liegt auf Techniken zur Stressreduzierung. Praktiken wie Yoga, Meditation und Atemübungen helfen den Gästen, Spannungen abzubauen und innere Ruhe zu finden.

Für diejenigen, die einen ausgeglichenen Lebensstil anstreben, gibt es Programme wie das**Anahita Wellness Retreat**Der Fokus liegt auf der Steigerung der Vitalität und der Förderung des langfristigen Wohlbefindens. Diese Retreats bieten personalisierte Fitnesspläne, die auf individuelle Ziele wie Gewichtsmanagement, Muskelaufbau und Stressabbau zugeschnitten sind. Ob Fitnesseinheiten, individuelle Ernährung oder gezielte Therapien – diese Programme bieten einen ganzheitlichen Wellness-Ansatz und sorgen dafür, dass die Gäste sich erfrischt und gestärkt fühlen.

Integration der Natur

Einer der einzigartigsten Aspekte des Wellness-Angebots auf Mauritius ist die nahtlose Integration der Natur in den Heilungsprozess. Die üppigen Landschaften, unberührten Strände und die ruhige Umgebung der Insel bieten den idealen Rahmen für Wellness-Aktivitäten im Freien. Viele Resorts bieten Naturwanderungen, Strandyoga und Meditation im Freien an, sodass Gäste die natürliche Schönheit der Insel genießen und gleichzeitig ihr körperliches und geistiges Wohlbefinden fördern können.

Yoga-Sitzungen im Freien am Strand, wo das Rauschen der Wellen eine beruhigende Kulisse bildet, oder geführte Wanderungen durch die üppigen Wälder und Naturschutzgebiete der Insel ermöglichen es Besuchern, ihre Achtsamkeit und innere Ruhe zu stärken. Durch das Eintauchen in die Natur genießen Gäste nicht nur die körperlichen Vorteile der Bewegung, sondern erfahren durch die friedliche Umgebung auch emotionale Heilung. Die Verbindung zur Natur ist ein zentraler Aspekt des Wellness-Angebots auf Mauritius und macht die Insel zum perfekten Reiseziel für alle, die ganzheitliche Erholung suchen.

Wellness am Strand: Yoga am Ufer

Mauritius bietet mit seinem türkisfarbenen Wasser, den weißen Sandstränden und der ruhigen Umgebung die perfekte Umgebung für Yoga. Yoga am Strand ist ein einzigartiges Erlebnis, das die körperlichen Vorteile des Yoga mit der wohltuenden Wirkung der Natur verbindet. Ob erfahrener Praktizierender oder Anfänger, Yoga am Meer ermöglicht es Ihnen, Ihre Verbindung zur Natur zu vertiefen, Ihren Geist zu beruhigen und Ihren Körper zu regenerieren. Mit seiner ruhigen Umgebung und friedlichen Atmosphäre ist Mauritius ein ideales Ziel für Wellness- und Yoga-Retreats am Strand.

Yoga mit Aussicht

Strandresorts wie**The Oberoi Mauritius** Und **Das Westin Turtle Bay**bieten Yoga-Kurse im Sand an, wo das Rauschen der Wellen und die erfrischende Meeresbrise das Erlebnis verstärken. Der beruhigende Blick auf das Meer und den weiten Himmel schafft eine Atmosphäre, die tiefe Entspannung und Achtsamkeit fördert. Besonders beliebt sind Yoga-Kurse am Morgen oder bei Sonnenuntergang, da sie es den Gästen ermöglichen, ihren Tag in einem friedlichen, zentrierten Zustand zu beginnen oder zu beenden. Zu diesen Zeiten sind die Temperaturen zudem kühler, was die Praxis angenehmer macht. Wenn die Sonne über dem Wasser auf- oder untergeht, sind die Gäste eingeladen, sich auf ihre Atmung zu konzentrieren, ihre Muskeln zu dehnen und in einer friedlichen Umgebung ihr Gleichgewicht zu finden.

Strand-Yoga-Kurse

Yoga am Strand auf Mauritius ist für alle Niveaus geeignet, vom Anfänger bis zum Fortgeschrittenen. Das sanfte Rauschen der Wellen und die natürliche Umgebung schaffen eine ideale Atmosphäre für Achtsamkeitsmeditation, Atemübungen und Körperhaltungen. Der Unterricht beginnt oft mit sanften Dehnungs- und Meditationsübungen, die es den Teilnehmern ermöglichen, sich zu erden und mit der Energie des Ozeans zu verbinden. Im weiteren Verlauf der

Übungen werden tiefere Dehnungen und anspruchsvollere Posen eingeführt, die Flexibilität, Kraft und Gleichgewicht fördern. Diese Kurse finden typischerweise frühmorgens oder spätabends statt, wenn die Temperaturen kühler und die Atmosphäre ruhiger ist. Der Achtsamkeitsaspekt des Strandyoga hilft, Stress abzubauen, die geistige Klarheit zu verbessern und ein Gefühl der Ruhe und des Wohlbefindens zu erzeugen.

Therapeutische Wirkungen

Yoga am Strand bietet zahlreiche therapeutische Vorteile, sowohl körperlich als auch geistig. Die beruhigenden Geräusche des Meeres und die frische Meeresbrise fördern die Entspannung und erleichtern das Loslassen von Anspannung und Stress. Yoga am Strand fördert Flexibilität und Körperhaltung, da die unebene Sandoberfläche das Gleichgewicht fordert und die Rumpfmuskulatur aktiviert. Die wohltuende Strandumgebung trägt zudem zur geistigen Klarheit bei, reduziert Ängste und fördert ein Gefühl von Frieden und Ruhe. Ob Sie sich auf eine sanfte, erholsame Übung konzentrieren oder anspruchsvollere Posen einnehmen, die natürliche Umgebung verstärkt die therapeutische Wirkung von Yoga und hilft Ihnen, sich verjüngt, zentriert und verbunden zu fühlen.

Traditionelle Heilung: Ayurveda und lokale Therapien

Mauritius ist eine einzigartige Mischung aus Kulturen, und seine traditionellen Heilpraktiken spiegeln die reiche Vielfalt wider, die die Insel auszeichnet. Von der alten Kunst der**Ayurveda**Mauritius bietet eine Vielzahl natürlicher Behandlungen, die auf die Wiederherstellung des körperlichen und geistigen Gleichgewichts abzielen. Diese traditionellen Therapien, die tief in der Kulturgeschichte verwurzelt sind, konzentrieren sich auf ganzheitliches Wohlbefinden und helfen den Besuchern, wieder zu sich selbst zu finden und gleichzeitig Vitalität, Entspannung und Heilung zu fördern.

Ayurvedische Behandlungen

Eine der gefragtesten traditionellen Heilpraktiken auf Mauritius ist**Ayurveda**, ein altes Medizinsystem, das seinen Ursprung in Indien hat. Ayurveda-Therapien zielen darauf ab, die Körperenergien, bekannt als Doshas, durch den Einsatz natürlicher Inhaltsstoffe wie Kräuter, Öle und

Massagetechniken auszugleichen. Resorts wie**The Oberoi Mauritius** Und **Sannyasa Wellness**ist auf die Bereitstellung ayurvedischer Behandlungen spezialisiert, die auf Entgiftung, Stressabbau und allgemeine Gesundheitsverbesserung abzielen.

Diese Behandlungen beginnen oft mit einer Beratung, um das Dosha-Ungleichgewicht einer Person zu bestimmen, gefolgt von personalisierten Behandlungen, einschließlich**Abhyanga**(therapeutische Ölmassage),**im Jahr 1920**(Ölgusstherapie für die Stirn) und**Panchakarma**(eine entgiftende Behandlung). Diese Therapien entspannen nicht nur den Körper, sondern regenerieren auch den Geist, fördern die geistige Klarheit, reduzieren Stress und geben neue Energie. Die Verwendung reiner, organischer Öle und Kräuter verstärkt deren heilende Wirkung und ermöglicht dem Körper, die therapeutische Wirkung tief zu absorbieren. Ayurveda-Behandlungen auf Mauritius bieten eine wohltuende, natürliche Möglichkeit, in einer ruhigen, luxuriösen Umgebung Gleichgewicht und Vitalität wiederherzustellen.

Lokale Heilpraktiken

Neben Ayurveda gibt es auf Mauritius eine Fülle von**lokale Heilpraktiken**Die Behandlungen basieren auf natürlichen Heilmitteln und dem über Generationen weitergegebenen Wissen. Der Schwerpunkt liegt dabei oft auf der Verwendung lokaler Pflanzen, Kräuter und Energieheiltechniken, die mit den kulturellen Traditionen der Insel im Einklang stehen.**Kräuterbäder**, hergestellt aus einer Kombination von einheimischen Kräutern, Blumen und ätherischen Ölen, sind für ihre entgiftende und regenerierende Wirkung bekannt. Diese Bäder reinigen den Körper, fördern die Entspannung und geben neue Energie – ideal zum Entspannen nach einem langen Tag voller Entdeckungen oder Strandaktivitäten.

Eine weitere weit verbreitete lokale Therapie beinhaltet**Energieheilung durch Berührung**, oft bezeichnet als**Reiki** oder **Pranaheilung**in verschiedenen Wellnesszentren. Diese Therapien konzentrieren sich darauf, den Energiefluss des Körpers auszugleichen, Blockaden zu lösen und emotionale und körperliche Heilung zu fördern. Besucher können diese wohltuenden Behandlungen in ruhigen Wellness-Umgebungen erleben, in denen die Therapeuten durch sanfte Berührungen die natürlichen Heilmechanismen des Körpers anregen.

Diese lokalen Therapien werden oft in Spa-Behandlungen integriert, sodass Besucher das Beste der traditionellen Heilkunst in einem modernen, luxuriösen Ambiente erleben können. Die tiefe Verbundenheit zu Natur, Kultur und Tradition dieser Praktiken trägt zum allgemeinen Wellness-Erlebnis auf Mauritius bei.

Spa- und Wellness-Integration

Viele Wellness-Resorts auf Mauritius, wie zum Beispiel**The Westin Mauritius**bieten eine einzigartige Integration traditioneller Therapien in ihre Spa-Behandlungen. Diese Resorts kombinieren alte Heilmethoden wie Ayurveda-Behandlungen und lokale Energiearbeit mit modernen Wellness-Techniken, um ein umfassendes, ganzheitliches Erlebnis zu bieten. Ob durch maßgeschneiderte Behandlungen, die Folgendes umfassen:**Kräutermassagen**,**Aromatherapie**, oder **Energieheilung**, werden die Gäste mit einem vielseitigen Wellness-Erlebnis verwöhnt, das nicht nur Entspannung fördert, sondern auch Geist und Körper regeneriert. Diese

Behandlungen werden oft begleitet von**Achtsamkeitspraktiken** Und **Atemübungen**, wodurch die therapeutische Wirkung weiter verstärkt wird und ein wirklich erholsames Erlebnis gewährleistet wird.

Kapitel 7: Versteckte Juwelen von Mauritius

Der Ganga Talao (Großes Becken): Ein spirituelles Heiligtum

Mauritius, bekannt für seine tropische Schönheit, beherbergt auch mehrere heilige Stätten, mit**Ganga Talao**, auch genannt**Grand Bassin**, einer der am meisten verehrten. Dieser ruhige See liegt im Krater eines erloschenen Vulkans und ist ein bedeutendes Pilgerziel für Hindus, das dem Gott Shiva gewidmet ist. Umgeben von Tempeln und Schreinen,**Grand Bassin**bietet nicht nur eine physische, sondern auch eine spirituelle Reise – eine, die Besucher mit den tiefen kulturellen und religiösen Wurzeln von Mauritius verbindet. Ob Sie Besinnung, Gebet oder einfach nur Frieden suchen, Ganga Talao ist ein Ort, an dem Geist und Seele Trost finden.

Heiliger See

Ganga Talao hat als eine der heiligsten Hindu-Stätten auf Mauritius eine immense religiöse Bedeutung. Dieser ruhige See liegt im Herzen der Insel, eingebettet im Krater eines erloschenen Vulkans, was das Gefühl der Abgeschiedenheit und Ruhe, das dieser Ort vermittelt, noch verstärkt. Der See ist von Tempeln umgeben, die verschiedenen Hindu-Gottheiten gewidmet sind, mit besonderem Schwerpunkt auf**Gott Shiva**, dem der Ort gewidmet ist. Die friedliche Atmosphäre, ergänzt durch den Anblick heiliger Statuen und Schreine entlang des Sees, macht diesen Ort zu einem idealen Ort für Besinnung und spirituelle Praxis. Pilger von der ganzen Insel kommen nach Ganga Talao, um Segen zu suchen und sich mit ihrem Glauben zu verbinden, indem sie in dieser heiligen Umgebung Gebete und Blumen an Lord Shiva bringen.

Maha Shivaratri Fest

Maha Shivaratri, das jährliche Hindu-Festival zu Ehren des Gottes Shiva, ist eines der bedeutendsten religiösen Feste auf Mauritius und ist eng verbunden mit**Grand Bassin**Während dieser Zeit pilgern Tausende Hindus zum See, um zu beten und dem Gott Shiva Opfergaben darzubringen. Gläubige aus allen Ecken der Insel kommen barfuß in einer friedlichen Prozession zum heiligen See. Das Fest, das normalerweise im Februar oder März stattfindet, ist geprägt von Fasten, Gesängen und dem Anzünden von Öllampen, wodurch eine

Atmosphäre tiefer Hingabe geschaffen wird. Besuchern, die während dieser Zeit auf Mauritius sind, wird ein Besuch von Ganga Talao empfohlen, da der See und seine Umgebung zu einem Zentrum spiritueller Energie werden und die Luft erfüllt ist von Gebeten und Ehrfurcht. Dieses kulturelle und religiöse Spektakel mitzuerleben, ist eine kraftvolle und bewegende Erfahrung des hinduistischen Erbes der Insel.

Malerische Ruhe

Neben seiner religiösen Bedeutung**Grand Bassin**ist bekannt für seine natürliche Schönheit und die ruhige Lage. Der See, umgeben von üppigem Grün und majestätischen Bergblicken, bietet eine Atmosphäre der Ruhe, die das spirituelle Erlebnis verstärkt. Besucher nehmen sich oft Zeit, am Seeufer zu meditieren oder nachzudenken, angezogen von der friedlichen Energie, die die Umgebung auszustrahlen scheint. Die atemberaubende Landschaft ermöglicht Momente der stillen Einkehr und macht den See zum perfekten Ort für persönliche Besinnung und spirituelle Erholung. Ob Sie sich mit der Natur verbinden, meditieren oder einfach nur einen Moment der Ruhe finden möchten,**Ganga Talao**bietet einen Rückzugsort von der

Hektik des Alltags und ermöglicht den Besuchern, ein tieferes Gefühl der Ruhe und Harmonie zu erreichen.

Die abgelegenen Buchten der Savanne: Unerforschte Naturwunder

Die südliche Region von Mauritius, bekannt als Savanne, ist ein Paradies für alle, die unberührte Schönheit und Ruhe abseits der geschäftigen Touristenzentren suchen. Die Gegend beherbergt einige der abgelegensten Strände und Buchten der Insel mit unberührtem Sand, klarem Wasser und einer friedlichen Atmosphäre, die sie zu einem idealen Rückzugsort für Entspannung und Entdeckungen macht. Ob Sie am Strand faulenzen, die umliegende Natur erkunden oder die Einsamkeit genießen möchten – die verborgenen Schätze von Savanne bieten ein ruhiges und bereicherndes Erlebnis, perfekt für alle, die Mauritius auf ruhigere, intimere Weise kennenlernen möchten.

Versteckte Strände

In Savanne befinden sich einige der am wenigsten erforschten und ruhigsten Strände von Mauritius.**Grau Grau**ist ein solches Juwel, bekannt für seine dramatischen Klippen und seine wilde, ungezähmte Schönheit. Dieser

Strand ist weniger touristisch frequentiert und bietet eine ruhigere Alternative zu den überfüllten Stränden im Norden und Westen der Insel. Die Naturlandschaft von Gris Gris ist beeindruckend, mit ihren hohen Klippen, die sich über den Strand erheben, und den kraftvollen Wellen, die gegen die felsige Küste schlagen. Während Schwimmen hier aufgrund der starken Strömungen nicht ideal ist, eignet sich der Strand perfekt für gemütliche Spaziergänge und zum Genießen der rauen, natürlichen Schönheit der Küste.

Ein weiterer ruhiger Ort in Savanne ist**Schöne Schatten**, ein Strand, der für sein ruhiges und klares Wasser bekannt ist und sich ideal für ein entspannendes Bad eignet. Der weiche, weiße Sand erstreckt sich entlang der Küste und bietet Besuchern viel Platz zum Entspannen in Ruhe. Als einer der abgeschiedeneren Strände der Insel ist Bel Ombre perfekt für alle, die den Menschenmassen entfliehen und ein ruhiges Stranderlebnis genießen möchten. Trotz der geringeren Besucherzahl bewahrt der Strand seinen natürlichen Charme und seine ruhige Atmosphäre und lädt Besucher zum Entspannen und Genießen der friedlichen Umgebung ein.

Unberührte Naturschönheit

An den Stränden von Savanne gibt es nicht nur unberührten Sand und ruhiges Wasser – sie sind auch von atemberaubender Naturschönheit umgeben.**Grau Grau**Die Klippen bieten Besuchern eine atemberaubende Kulisse, während die ruhigen Lagunen von**Schöne Schatten**eignen sich perfekt zum Schwimmen oder einfach zum Genießen der Ruhe. Die unberührte Natur dieser Orte unterscheidet sie von beliebteren Stränden. Ob die dramatische Küste von Gris Gris oder die idyllische Abgeschiedenheit von Bel Ombre – die Landschaft ist einfach spektakulär.

Die üppigen Wälder und Hügel, die diese abgelegenen Strände umgeben, tragen zur natürlichen Schönheit der Region bei und tragen zu einem friedlichen Erlebnis bei. Die Landschaft und die unberührten Strände schaffen eine Atmosphäre der Ruhe und Gelassenheit, die man in den touristischeren Gegenden der Insel nur selten findet.

Tierwelt und Erkundung

Für Naturliebhaber bietet Savanne mehr als nur Strände. Die Umgebung**Wälder**Die Küstengebiete sind reich an Wildtieren und bieten zahlreiche Möglichkeiten zur Erkundung. Wanderungen durch die üppigen grünen Wälder

der Savanne bieten die Möglichkeit, die einzigartige Flora und Fauna der Insel zu erleben. Besucher können Wanderwege genießen, die durch die unberührte Landschaft der Insel führen und Panoramablicke auf die Küste und Zugang zu abgelegenen Buchten bieten.

Bootsfahrten entlang der Küste bieten eine weitere Möglichkeit, die Naturwunder der Region zu entdecken. Diese Ausflüge bieten die Möglichkeit, eine Vielzahl von**Vögel**, einschließlich einheimischer Arten, und beobachten Sie die einzigartigen Küstenökosysteme. Die ruhigen Gewässer rund um Bel Ombre eignen sich auch ideal für Erkundungstouren mit dem Boot und bieten einen friedlichen Ausflug in das Herz der unberührten Wildnis von Mauritius. Ob Wandern durch die Wälder oder Kreuzfahrten entlang der Küste – Savanne bietet eine vielfältige Auswahl an Aktivitäten für alle, die Abenteuer und eine tiefere Verbindung zur Natur suchen.

Tamarind Falls: Wasserfälle und Wildnis

Eingebettet im Herzen von Mauritius,**Tamarind Falls**, auch bekannt als**Sieben Kaskaden**ist eines der spektakulärsten Naturwunder der Insel. Diese atemberaubende Reihe von Wasserfällen, versteckt im üppigen Dschungel, bietet

Besuchern ein intensives Abenteuer in einer der unberührtesten und unberührtesten Landschaften der Insel. Die Kombination aus Wanderwegen, atemberaubenden Wasserfällen und aufregenden Abenteueraktivitäten macht die Tamarind Falls zu einem idealen Ziel für Naturliebhaber und Adrenalinjunkies. Ob Sie durch den Dschungel wandern oder sich am aufregenden Canyoning versuchen, die Tamarind Falls versprechen ein unvergessliches Erlebnis, das die raue Schönheit der Wildnis von Mauritius zeigt.

Sieben Kaskaden

Das Herzstück der Tamarind Falls ist eine Reihe von sieben atemberaubenden Wasserfällen, die die Hänge hinabstürzen und ein visuelles Meisterwerk inmitten des grünen Dschungels der Insel bilden. Die Wanderung zu den Wasserfällen ist eine der beliebtesten Outdoor-Aktivitäten auf Mauritius und zieht Naturliebhaber, Fotografen und Abenteurer an, die ihre Schönheit erkunden möchten. Unterwegs werden Besucher mit atemberaubenden Ausblicken auf die Wasserfälle und die umliegende Wildnis belohnt, wo das üppige Grün einen Kontrast zum glitzernden Wasser bildet. Auf dem Weg begegnen Sie mehreren Wasserfällen, jeder mit seinem eigenen Charme und Reiz.

Einige Wasserfälle stürzen in natürliche Becken und schaffen idyllische Plätze für ein erfrischendes Bad, während andere über moosbedeckte Felsen stürzen und die bezaubernde Atmosphäre der Gegend unterstreichen.

Die Wanderung selbst bietet mehr als nur malerische Ausblicke. Sie führt Sie tief in die Wildnis von Mauritius, durch dichte Wälder und zerklüftetes Gelände, und auf Schritt und Tritt erwartet Sie ein Gefühl von Abenteuer. Die Seven Cascades sind mehr als nur eine Wanderung – sie sind eine Reise durch die unberührte Schönheit der Insel und bieten ein intensives Erlebnis, das Sie der Natur näher bringt.

Abenteueraktivitäten

Für diejenigen, die ein aufregenderes Erlebnis suchen,**Canyoning**Die Tamarind Falls bieten eine spannende Möglichkeit, die Wasserfälle und den umliegenden Dschungel zu erkunden. Canyoning beinhaltet Abseilen an Wasserfällen, Schwimmen in natürlichen Pools und Navigieren durch felsige Flussbetten. Dieses energiegeladene Abenteuer führt Besucher zu Teilen der Wasserfälle, die sonst unzugänglich sind, und ermöglicht ihnen, die Wasserfälle aus einer einzigartigen und aufregenden Perspektive zu erleben.

Das Canyoning-Erlebnis an den Tamarind Falls wird von professionellen Guides begleitet, die für Sicherheit sorgen und gleichzeitig ein aufregendes und adrenalingeladenes Erlebnis bieten. Beim Abseilen an Wasserfällen, Springen in kristallklare Becken und Erkunden versteckter Winkel der Wasserfälle werden Sie die Kraft und Schönheit der Wasserfälle noch mehr schätzen lernen. Für alle, die ihre Grenzen austesten und ein aktives Abenteuer erleben möchten, bietet Canyoning an den Tamarind Falls die perfekte Gelegenheit, die Naturschönheit der Insel auf unvergessliche Weise zu erleben.

Unberührte Wildnis

Die Tamarind Falls liegen inmitten der unberührten Wildnis von Mauritius und bieten Besuchern ein authentisches Outdoor-Erlebnis, das sie mit der rauen Naturschönheit der Insel verbindet. Die Umgebung beherbergt eine vielfältige Flora und Fauna, darunter auch endemische Arten, die in den üppigen Landschaften der Region gedeihen. Die Wasserfälle sind ein beliebtes Ziel für Fotografen, die die atemberaubende Landschaft, die kaskadenartigen Wasserfälle und den umliegenden Dschungel einfangen möchten.

Neben Wandern und Canyoning bieten die Tamarind Falls hervorragende Möglichkeiten zur Wildtierbeobachtung, wo Besucher einheimische Vögel, Insekten und Pflanzenarten beobachten können. Die unberührte Natur der Gegend macht sie zu einem idealen Ort für Ökotourismus und Naturwanderungen, bei denen Gäste in die unberührte Landschaft von Mauritius eintauchen können. Dieses Naturparadies ist vom Massentourismus noch relativ unentdeckt und bietet ein authentisches Erlebnis, das es Besuchern ermöglicht, die wahre Wildnis der Insel zu erkunden.

Île aux Aigrettes: Ein Naturschutzgebiet seltener Arten

Mauritius mit seiner reichen Artenvielfalt ist die Heimat einiger der seltensten Arten der Welt, und einer der bedeutendsten Orte für die Naturschutzbemühungen der Insel ist**Reiherinsel**Dieses 27 Hektar große Inselreservat ist ein wichtiges Schutzgebiet für gefährdete Wildtiere, darunter auch Arten, die vom Festland fast verschwunden sind. Verwaltet von der**Mauritische Wildtierstiftung**Île aux Aigrettes spielt eine wesentliche Rolle bei der Erhaltung und Wiederherstellung des einzigartigen Ökosystems der Insel. Naturliebhabern bietet das Reservat die Möglichkeit, seltene Arten in ihrem natürlichen Lebensraum zu beobachten und mehr über die laufenden Bemühungen der Insel zum Schutz ihrer empfindlichen Artenvielfalt zu erfahren.

Naturschutzbemühungen

Île aux Aigrettes widmet sich dem Schutz der endemischen Tierwelt von Mauritius, einschließlich ikonischer Arten wie dem**Mauritiusturmfalke**, der seltenste Greifvogel der Welt, und der**Riesenschildkröte**, die einst auf der Insel heimisch war, aber fast ausgestorben war. Die Naturschutzprogramme der Insel zielen darauf ab, die Auswirkungen invasiver Arten, der Zerstörung ihres Lebensraums und menschlicher Aktivitäten auf diese gefährdeten Arten umzukehren. Durch die Bereitstellung einer sicheren und geschützten Umgebung dient die Insel als wichtiger Zufluchtsort für die Arten, deren Überleben davon abhängt.

Eine der wichtigsten Naturschutzinitiativen ist die**Mauritian Wildlife Foundation**Die Stiftung setzt sich für den Schutz und die Wiederherstellung der einheimischen Pflanzen- und Tierwelt der Insel ein. Durch gezielte Zucht- und Wiederansiedlungsprogramme konnte die Stiftung das Überleben mehrerer Arten sichern, darunter auch der vom Aussterben bedrohten**Mauritius-Rosataube**Diese Bemühungen tragen dazu bei, ein ausgewogenes Ökosystem auf der Insel wiederherzustellen und sicherzustellen, dass auch künftige Besuchergenerationen die Möglichkeit haben, die einzigartige Tierwelt von Mauritius zu erleben.

Führungen

Besucher von**Reiherinsel**haben die Möglichkeit, geführte**Öko-Touren**Geleitet von sachkundigen Naturforschern, die Einblicke in die Naturschutzbemühungen der Insel geben. Diese Touren ermöglichen es den Gästen, die Tierwelt in ihrem natürlichen Lebensraum zu beobachten, einschließlich der endemischen**Mauritius-Sperling**und die Riesenschildkröten, die frei im Reservat umherstreifen. Die Guides vermitteln faszinierende Informationen über die

Geschichte der Insel, ihre gefährdeten Arten und die Bedeutung der laufenden Naturschutzprojekte.

Bei einem Spaziergang durch die üppigen Wälder der Insel erfahren Besucher nicht nur mehr über die Tiere und Pflanzen, sondern erleben auch hautnah, wie das Reservat in seinen natürlichen Zustand zurückversetzt wurde. Die Bemühungen der Insel, invasive Arten auszurotten und einheimische Vegetation wieder anzupflanzen, werden umfassend dargestellt und ermöglichen Besuchern, die Kraft des Naturschutzes in Aktion zu erleben. Die Öko-Touren sind eine fantastische Möglichkeit, die Herausforderungen für Naturschützer und die wichtige Rolle der Île aux Aigrettes für den Erhalt der Artenvielfalt der Insel zu verstehen.

Restaurierungsprojekte

Île aux Aigrettes ist auch der Standort mehrerer**Restaurierungsprojekte**Ziel ist die Wiederansiedlung einheimischer Pflanzenarten und der Schutz der Umwelt vor invasiven Arten. Seit ihrer Gründung als Naturschutzgebiet hat sich die Insel von einem von invasiver Flora und Fauna geplagten Gebiet in ein blühendes

Refugium für die einheimischen Arten von Mauritius verwandelt. Die Restaurierungsbemühungen konzentrieren sich auf die Anpflanzung einheimischer Bäume und Sträucher, die Entfernung nicht-einheimischer Pflanzen und die Schaffung eines stabileren Ökosystems für die Tierwelt der Insel.

Diese Projekte sind ein wichtiger Bestandteil der laufenden Bemühungen zur Wiederherstellung des Naturerbes von Mauritius. Die Arbeit auf der Île aux Aigrettes gibt Hoffnung für die Zukunft und zeigt, dass es mit den richtigen Strategien und dem richtigen Engagement möglich ist, die durch menschliche Aktivitäten verursachten Schäden rückgängig zu machen und das Gleichgewicht fragiler Ökosysteme wiederherzustellen. Besucher der Insel können sich über diese Initiativen informieren und sehen, wie viel zum Schutz und zur Förderung der Artenvielfalt von Mauritius beigetragen wird.

Mare aux Vacoas: Der ruhige Stausee der Insel

Mare aux Vacoas, im Herzen von Mauritius gelegen, ist der größte Stausee der Insel. Mit seinem beeindruckenden Fassungsvermögen von 25,89 Millionen Kubikmetern ist er eine wichtige Wasserquelle für die Zentralregion und versorgt die Landwirtschaft und die Wohngebiete der Insel. Doch Mare aux Vacoas ist viel mehr als nur ein Stausee – es ist ein ruhiger Rückzugsort, umgeben von üppigen Wäldern und sanften Hügeln, und damit ein Ort von praktischer Bedeutung und natürlicher Schönheit.

Wenn Sie sich dem Stausee nähern, fällt Ihnen sofort die friedliche Stille des Wassers auf. Die ruhige Oberfläche spiegelt oft die umliegenden Bäume und Berge wider und erzeugt einen spiegelähnlichen Effekt, der besonders in den frühen Morgenstunden atemberaubend ist. Die Umgebung bietet ein intensives Erlebnis, wobei sanfter Vogelgesang und gelegentliches Rascheln der Blätter die heitere Atmosphäre verstärken. Diese Naturschönheit ist ein idealer Ort für Spaziergänge in der Natur, zum gemütlichen Fotografieren oder einfach zum Genießen der ruhigen, ungestörten Umgebung.

Mare aux Vacoas liegt in einem Gebiet mit reicher Flora und Fauna, dessen dichte Wälder Lebensraum für verschiedene Vogelarten und einheimische Pflanzen bieten. Dieses Gebiet ist ein Paradies für Naturliebhaber und Fotografen gleichermaßen. Am frühen Morgen bietet sich die beste Gelegenheit, den Stausee in seinen ruhigsten Momenten einzufangen, wenn die Landschaft in sanftes Licht getaucht ist. Für Vogelbeobachter ist es die perfekte Zeit, um einheimische Arten zu beobachten, von denen einige auf der Insel heimisch sind, während Fotografen die Gelegenheit zu schätzen wissen, sowohl die dynamische Tierwelt als auch die Stille des Wassers einzufangen.

Der umliegende Wald trägt zusätzlich zur Attraktivität des Stausees bei und besticht durch eine abwechslungsreiche Vegetation, die sich je nach Jahreszeit ändert. Beim Wandern durch die Gegend liegt der Duft von frischem Kiefernholz und Erde in der Luft und bietet eine sinnliche Abwechslung zu den touristisch geprägten Orten der Insel. Die Landschaft rund um Mare aux Vacoas ist vielfältig – üppig grüne Bäume, leuchtende Wildblumen und klares Wasser bilden eine Kulisse, die dem Ort ein zeitloses und unberührtes Gefühl verleiht.

Während viele Besucher von den praktischen Aspekten des Stausees angezogen werden – seiner entscheidenden Rolle bei der Wasserversorgung der Insel –, sind es die Ruhe und Abgeschiedenheit der Gegend, die einen bleibenden Eindruck hinterlassen. Für alle, die die ruhigere, beschaulichere Seite von Mauritius erleben möchten, ist

Mare aux Vacoas das perfekte Reiseziel. Es ist ein Ort, an dem die Zeit langsamer vergeht und der die Möglichkeit bietet, innezuhalten, nachzudenken und sich wieder mit der Natur in ihrer heitersten Form zu verbinden.

Kapitel 8: Praktische Reiseinformationen

Transport auf Mauritius: Fortbewegung

Mauritius bietet eine Vielzahl von Transportmöglichkeiten für unterschiedliche Bedürfnisse und Budgets, sodass Besucher die Insel problemlos erkunden können. Ob Sightseeing, Geschäftsreise oder Urlaub – es gibt zahlreiche Möglichkeiten für eine komfortable und effiziente Reise. Die folgenden Optionen werden sowohl von Einheimischen als auch von Touristen häufig genutzt.

Öffentliche Busse sind eine kostengünstige Möglichkeit, sich auf Mauritius fortzubewegen. Die Insel verfügt über ein ausgedehntes Busnetz mit rund 220 Linien und 900 Bushaltestellen, das von Unternehmen wie der National Transport Corporation (NTC) und United Bus Service (UBS) betrieben wird. Busse sind aufgrund ihrer niedrigen Kosten besonders bei Einheimischen beliebt, und die Fahrpreise werden von der Regierung reguliert, was sie zu einer budgetfreundlichen Option macht. Obwohl Busse viele Gebiete erreichen können, sind ihre Fahrpläne nicht immer pünktlich, und bestimmte Touristenziele sind möglicherweise nicht direkt mit dem Bus erreichbar. Es ist ratsam, die Fahrpläne im Voraus zu prüfen, wenn Sie das Bussystem nutzen möchten, insbesondere für längere Strecken.

Taxis sind eine weitere beliebte Möglichkeit, sich auf Mauritius fortzubewegen. Diese Fahrzeuge sind überall auf der Insel zu finden, insbesondere in der Nähe von Touristenattraktionen wie Hotels, Stränden und Einkaufsvierteln. Anders als bei Taxis mit Taxameter wird der Fahrpreis in der Regel vor Fahrtantritt ausgehandelt. Eine kurze Fahrt kostet in der Regel zwischen 500 und 700 MUR, während Ganztagesfahrten je nach Entfernung und Reiseroute zwischen 2.000 und 3.500 MUR kosten. Für alle, die ein individuelleres Reiseerlebnis suchen, sind Taxis eine bequeme und zuverlässige Wahl.

Für mehr Flexibilität bietet sich ein Mietwagen an. Internationale Autovermietungen wie Avis und Europcar sowie lokale Anbieter wie Pingouin Car und Ola Mauritius bieten eine große Auswahl an Fahrzeugen. Mit einem Mietwagen können Sie die Insel in Ihrem eigenen Tempo erkunden, egal ob Sie einsame Strände oder abgelegene Dörfer besuchen. Es empfiehlt sich, im Voraus zu buchen, um die besten Preise zu sichern und sicherzustellen, dass Sie einen gültigen, auf Mauritius anerkannten Führerschein besitzen.

Das Metro Express-Stadtbahnsystem ist eine moderne und effiziente Möglichkeit, zwischen großen Ballungsräumen wie Port Louis, Rose Hill und Quatre Bornes zu reisen. Dieses Stadtbahnsystem bietet eine bequeme Alternative zum Autofahren und hilft Ihnen, Verkehrsstaus zu vermeiden. Der Metro Express ist besonders nützlich für Touristen, die in oder in der Nähe von Stadtzentren wohnen, da er bequemen Zugang zu verschiedenen Zielen ohne den Stress des Stadtverkehrs bietet.

Für alle, die Mauritius auf eine einzigartige Art und Weise erkunden möchten, bieten Bootstaxis eine malerische Transportmöglichkeit. Diese Taxis werden typischerweise für Küstenfahrten und Ausflüge zu nahegelegenen Inseln genutzt und bieten nicht nur eine bequeme Möglichkeit, Ziele zu erreichen, sondern auch einen atemberaubenden Blick auf die Küste. Ob Sie zu einem einsamen Strand fahren oder einen Tagesausflug zu einer der kleineren Inseln der Insel unternehmen, Bootstaxis sind eine hervorragende

Option für alle, die Mauritius aus einer anderen Perspektive erleben möchten.

Jede dieser Transportmöglichkeiten bietet ihre eigenen Vorteile und Besonderheiten. Ob Sie eine kostengünstige Lösung oder ein flexibleres Reiseerlebnis suchen, es gibt das passende Transportmittel für Ihre Bedürfnisse. Berücksichtigen Sie bei der Planung Ihrer Reise auf Mauritius Entfernung, Bequemlichkeit und Komfort und stellen Sie sicher, dass die Wahl Ihres Transportmittels zu Ihrer Reiseroute und Ihren Vorlieben passt.

Geldangelegenheiten: Währung, Geldautomaten und Trinkgeld

Wenn Sie nach Mauritius reisen, ist es wichtig, die Finanzlage zu kennen, um einen reibungslosen Ablauf zu gewährleisten. Hier finden Sie einen Überblick über die Währung, die Nutzung von Geldautomaten und die Trinkgeld-Etikette, um Ihnen bei der Bewältigung Ihrer Ausgaben auf der Insel zu helfen.

Die offizielle Währung von Mauritius ist die Mauritius-Rupie (MUR). Obwohl einige große Einrichtungen Fremdwährungen wie USD oder EUR akzeptieren, empfiehlt sich die Verwendung der MUR aufgrund günstigerer Wechselkurse. Sie können Fremdwährungen bei Banken, Wechselstuben und in den meisten großen Hotels umtauschen. Vergleichen Sie stets die Wechselkurse, um ein günstiges Angebot zu erhalten. Die Verwendung der Landeswährung bietet nicht nur bessere Wechselkurse, sondern erleichtert auch kleinere Einkäufe, insbesondere in weniger touristischen Gebieten.

Mauritius ist gut mit Geldautomaten ausgestattet und in größeren Städten wie Port Louis, Curepipe und Grand Baie leicht zu finden. Die meisten Geldautomaten akzeptieren internationale Debit- und Kreditkarten, sodass Sie problemlos MUR für Ihre Ausgaben abheben können. Für zusätzliche Sicherheit empfiehlt es sich, Geldautomaten in sicheren, gut beleuchteten Bereichen wie Bankfilialen oder Einkaufszentren zu nutzen. Viele Geschäfte, insbesondere in Touristengebieten, akzeptieren auch Kreditkarten. Es ist jedoch ratsam, immer Bargeld für kleinere Einkäufe, Trinkgelder oder für Reisen in abgelegene Gebiete mitzuführen, in denen Kartenzahlungen möglicherweise nicht akzeptiert werden.

Trinkgeld ist auf Mauritius keine zwingende Pflicht, wird aber bei gutem Service gerne gesehen. In Restaurants ist ein Trinkgeld von 10 % üblich, wenn kein Serviceentgelt in der Rechnung enthalten ist. Für Gepäckträger, Zimmermädchen und Taxifahrer ist ein kleines Trinkgeld in Rupien eine nette Geste, die viel bedeutet, besonders bei außergewöhnlichem Service. Trinkgeld ist zwar nicht obligatorisch, zeigt aber in diesen Situationen Dankbarkeit und ist eine großartige Möglichkeit, den Aufwand für einen exzellenten Service anzuerkennen.

Wenn Sie die Währung verstehen, Geldautomaten sicher nutzen und angemessenes Trinkgeld geben, sind Sie gut gerüstet, um Ihre Finanzen während Ihres Aufenthalts auf Mauritius zu verwalten und eine reibungslose und angenehme Reise zu gewährleisten.

Gesundheits- und Sicherheitstipps: Was Sie wissen müssen

Eine Reise nach Mauritius bietet die Möglichkeit, die natürliche Schönheit und die lebendige Kultur zu erleben. Für einen reibungslosen und angenehmen Aufenthalt ist es jedoch wichtig, auf Gesundheit und Sicherheit zu achten.

Dieser Abschnitt enthält wichtige Informationen, die Ihnen helfen, während Ihrer Reise gesund und sicher zu bleiben.

Impfungen und Gesundheitsvorkehrungen

Vor einer Reise nach Mauritius ist es ratsam, sich von einem Arzt über empfohlene Impfungen beraten zu lassen. Impfungen gegen Hepatitis A, Typhus und Tetanus werden Reisenden nach Mauritius in der Regel empfohlen. Obwohl Mauritius ein beliebtes Reiseziel ist, tragen diese Vorsichtsmaßnahmen zum Schutz vor potenziellen Gesundheitsrisiken bei. Es ist außerdem ratsam, vor Ihrer Abreise sicherzustellen, dass Ihre Routineimpfungen, wie z. B. gegen Masern, Mumps und Röteln (MMR) und Polio, auf dem neuesten Stand sind.

Wasser- und Lebensmittelsicherheit

Die Sicherheit von Lebensmitteln und Wasser ist auf Reisen auf Mauritius unerlässlich. Die sicherste Wahl für Trinkwasser ist abgefülltes oder gereinigtes Wasser, das auf der ganzen Insel weit verbreitet ist. Leitungswasser kann zwar in bestimmten Gebieten unbedenklich sein, aber abgefülltes Wasser ist die beste Option, um durch Wasser übertragene Krankheiten zu vermeiden. Vermeiden Sie außerdem den Verzehr von rohen oder nicht durchgegarten Lebensmitteln, insbesondere Meeresfrüchten oder Fleisch. Seien Sie vorsichtig beim Verzehr von Straßenessen, da manche Lebensmittelhändler möglicherweise nicht die gleichen Hygienestandards einhalten wie größere Restaurants. Essen Sie am besten frisch zubereitete und heiß servierte Speisen, um das Risiko von durch Lebensmittel übertragenen Krankheiten zu minimieren.

Insektenschutz

Auf Mauritius leben verschiedene Insektenarten, von denen einige Krankheiten wie Chikungunya und Dengue übertragen können. Zum Schutz ist es wichtig, Insektenschutzmittel zu verwenden, insbesondere in den frühen Morgen- und Abendstunden, wenn die Mücken am aktivsten sind. Das Tragen von langärmliger Kleidung und langen Hosen in der Morgen- und Abenddämmerung trägt ebenfalls dazu bei, das Risiko von Mückenstichen zu verringern. Wenn Sie Gebiete erkunden, in denen Mücken häufig vorkommen, sollten Sie für besseren Schutz ein Insektenschutzmittel mit DEET verwenden.

Medizinische Einrichtungen

Mauritius verfügt über ein gut ausgebautes Gesundheitssystem mit gut ausgestatteten Krankenhäusern, insbesondere in städtischen Gebieten wie Port Louis und Curepipe. Darüber hinaus gibt es mehrere Privatkliniken, die hochwertige medizinische Leistungen anbieten. Die Beratungsgebühren liegen in der Regel zwischen 30 und 50 US-Dollar, wobei private Krankenhäuser für spezialisierte Behandlungen höhere Gebühren verlangen können. Zur Sicherheit empfiehlt sich dringend eine Reiseversicherung, die medizinische Kosten, einschließlich einer erforderlichen Evakuierung, abdeckt. So ist der Zugang zu medizinischer Versorgung gewährleistet, falls während Ihres Aufenthalts medizinische Probleme auftreten.

Visa- und Einreisebestimmungen

Bevor Sie nach Mauritius reisen, sollten Sie sich unbedingt mit den Visa- und Einreisebestimmungen vertraut machen, um eine reibungslose Ankunft zu gewährleisten. Die folgenden Informationen führen Sie durch die notwendigen Schritte zur Beantragung eines Visums und zur Einreise auf die Insel.

Touristenvisum

Bürger vieler Länder, darunter Nigeria, benötigen für die Einreise nach Mauritius ein Visum. Es wird empfohlen, vor Reiseantritt ein Touristenvisum zu beantragen, um Verzögerungen oder Komplikationen bei der Ankunft zu vermeiden. Das Verfahren zur Erlangung eines Visums ist unkompliziert und kann in der Regel online oder über die nächstgelegene mauritische Botschaft eingereicht werden. Es empfiehlt sich, die aktuellen Visabestimmungen bei den offiziellen mauritischen Behörden oder Ihrer örtlichen Botschaft zu erfragen, um die spezifischen Anforderungen für Ihre Nationalität zu bestätigen.

Premium-Reisevisum

Mauritius bietet außerdem ein spezielles „Premium-Reisevisum" für Langzeitbesucher, Telearbeiter, Rentner und digitale Nomaden an. Dieses kostenlose Visum richtet sich an Personen, die bis zu 12 Monate auf Mauritius bleiben möchten. Das Premium-Reisevisum ermöglicht es berechtigten Personen, von der Insel aus zu leben und zu arbeiten und bietet damit eine einzigartige Gelegenheit für Digitalexperten, die einen Tapetenwechsel suchen. Es kann nach dem ersten Jahr verlängert werden und ist daher eine attraktive Option für alle, die länger auf Mauritius bleiben möchten. Wenn Sie dieses Visum in Betracht ziehen, stellen Sie sicher, dass Sie die Zulassungskriterien erfüllen, zu denen in der Regel ein Beschäftigungsnachweis oder ein Einkommen aus einer Telearbeit gehört.

Zugangsvoraussetzungen

Für die Einreise nach Mauritius müssen Reisende einige wichtige Voraussetzungen erfüllen. Zunächst benötigen Sie einen gültigen Reisepass mit mindestens einer leeren Seite für den Einreisestempel. Außerdem benötigen Sie einen Nachweis über Ihre Weiter- oder Rückreise sowie Angaben zur Unterkunft. Wichtig ist der Nachweis ausreichender finanzieller Mittel für Ihren Aufenthalt auf Mauritius. Darüber hinaus sind eine Reise- und eine Krankenversicherung erforderlich, um im Notfall während Ihres Aufenthalts auf der Insel abgesichert zu sein.

Notfallkontakte: Wichtige Ressourcen für Reisende

Wer an ein neues Reiseziel reist, sollte auf unerwartete Situationen vorbereitet sein. Wenn Sie wissen, an wen Sie sich im Notfall wenden können, sind Sie sicher und können im Bedarfsfall schnell handeln. Hier finden Sie wichtige

Notfallkontaktinformationen und -ressourcen für Reisende auf Mauritius.

Notdienste

Im Notfall sind folgende Nummern für die sofortige Hilfe entscheidend:

- **Krankenwagen:**999 oder 114
- **Feuerwehr:**999 oder 115
- **Polizei:**999 oder 112
- **Touristenpolizei:**999 oder 112
- **US-Botschaft (außerhalb der Geschäftszeiten):**+(230) 202-4400

Über diese Nummern erreichen Sie die notwendigen Notdienste, darunter medizinische Versorgung, Feuerwehr, Polizei und spezialisierte Touristenhilfe. Speichern Sie diese Kontakte unbedingt auf Ihrem Telefon, damit Sie während Ihres Aufenthalts schnell darauf zugreifen können.

Medizinische Hilfe

Auf Mauritius gibt es mehrere gut ausgestattete Krankenhäuser und medizinische Kliniken, die im Notfall schnelle Hilfe leisten können. Zwei herausragende medizinische Einrichtungen sind:

- **Apollo Bramwell Krankenhaus**
- **MedPoint-Klinik**

Beide Krankenhäuser sind international anerkannt und können ein breites Spektrum medizinischer Notfälle behandeln. Es ist immer ratsam, eine Reiseversicherung abzuschließen, die einen medizinischen Rücktransport beinhaltet, falls Sie in eine andere Einrichtung verlegt werden müssen, insbesondere wenn Sie sich in entlegeneren Teilen der Insel aufhalten.

Reiseversicherungsanbieter

Eine umfassende Reiseversicherung ist unerlässlich, um unvorhergesehene Ereignisse während Ihrer Reise abzudecken. Bekannte Reiseversicherungsunternehmen wie**Allianz**,**Weltnomaden**, Und **BEI**Bieten Sie Pakete an, die medizinische Notfälle, Gepäckverlust und Reisestornierungen abdecken. Stellen Sie sicher, dass Ihre

Police auch die medizinische Versorgung und die Notfallevakuierung abdeckt, um im Notfall optimal vorbereitet zu sein.

Kapitel 9: Mauritius für Familien und Kinder

Familienfreundliche Aktivitäten und Attraktionen

Mauritius ist ein ideales Reiseziel für Familien und bietet eine große Auswahl an Aktivitäten und Attraktionen für alle Altersgruppen. Ob lehrreiche Erlebnisse, spannende Abenteuer oder entspannende Momente am Strand – hier ist für jeden etwas dabei. Hier sind einige der beliebtesten familienfreundlichen Attraktionen, die Sie bei Ihrem Besuch in Betracht ziehen sollten.

Naturpark Casela

Der Casela Naturpark ist ein Muss für Familien, die ein spannendes und zugleich lehrreiches Abenteuer suchen. Dieser erstklassige Wildpark bietet eine Vielzahl von Aktivitäten, darunter Safari-Touren, Seilrutschen und Begegnungen mit exotischen Tieren wie Löwen und Giraffen. Kinder werden von der Möglichkeit, mit diesen majestätischen Tieren zu interagieren, begeistert sein, während Erwachsene die wunderschöne Landschaft des

Parks genießen können. Ob Sie ein spannendes Abenteuer suchen oder mehr über den Artenschutz erfahren möchten, Casela bietet ein unvergessliches Erlebnis für Familien jeden Alters.

Naturpark La Vanille

Der Naturpark La Vanille bietet Kindern eine fantastische Möglichkeit, die Natur kennenzulernen und die Welt um sie herum zu entdecken. Der Park beherbergt Riesenschildkröten, Krokodile und eine Vielzahl von Insekten und bietet interaktive Ausstellungen und lehrreiche Führungen. Kinder werden von den Tieren fasziniert sein und können hautnah erleben. Dies macht den Park zu einem idealen Ort für jüngere Kinder, um die Tierwelt zu erkunden und mehr über sie zu erfahren. Mit seiner üppigen Umgebung und der familienfreundlichen Atmosphäre ist La Vanille ein idealer Ort für Familien mit kleinen Kindern.

Strand Le Morne

Für Familien, die es lieber etwas entspannter mögen, bietet der Strand Le Morne einen ruhigen Rückzugsort. Mit seinem seichten Wasser und den sanften Wellen ist er ideal für Kinder zum Schwimmen, Sandburgenbauen oder einfach zum Spielen am Ufer. Die ruhige Umgebung macht ihn zu einem sicheren und angenehmen Ort für kleine Kinder, während die Eltern entspannen und die atemberaubende Aussicht auf das Meer und die umliegenden Berge genießen können. Ob Sie lieber im Sand faulenzen oder einen gemütlichen Strandspaziergang machen, Le Morne ist eine fantastische Option für Familien, die Entspannung suchen.

SSR Botanischer Garten

Der SSR Botanische Garten bietet eine friedliche Kulisse für einen Familienspaziergang oder ein Picknick. Bekannt für seine riesigen Seerosen und die vielfältige Pflanzensammlung, bietet dieser üppige Garten eine wunderschöne Umgebung, in der Familien gemeinsam die Natur erkunden können. Die ruhige Umgebung lädt zu einem entspannten Spaziergang ein, während Kinder die Vielfalt der Pflanzenarten genießen und etwas über die Flora der Insel lernen können. Der Botanische Garten ist ein hervorragender Ort, um jüngeren Besuchern die Schönheit der Natur näherzubringen, und seine ruhige Atmosphäre lädt Familien ein, gemeinsam Zeit zu verbringen.

Chamarel Siebenfarbige Erde

Die Siebenfarbige Erde von Chamarel, eines der Naturwunder von Mauritius, ist ein atemberaubendes geologisches Phänomen, bei dem die Erdoberfläche sieben verschiedene Farben aufweist. Dieses Naturschauspiel ist nicht nur optisch faszinierend, sondern bietet Kindern auch eine lehrreiche Gelegenheit, etwas über die Kräfte der Natur und die Wissenschaft hinter dieser außergewöhnlichen Landschaft zu lernen. Die einzigartigen Farben der Erde machen sie zu einem idealen Ort für Familienfotos und bieten einen faszinierenden Einblick in die natürliche Schönheit der Insel.

Abenteuerparks und Fun Zones für Kinder

Mauritius bietet zahlreiche Abenteuerparks und Freizeitbereiche, die speziell auf Kinder zugeschnitten sind und ihnen spannende Erlebnisse bieten. Diese Parks bieten alles von aufregenden Fahrgeschäften und Wasseraktivitäten bis hin zu Outdoor-Öko-Abenteuern und sorgen dafür, dass die jungen Besucher unterhalten und aktiv bleiben. Hier sind einige der besten Orte für einen actionreichen Tag mit der Familie.

Valley Kids Park

Der Vallée Kids Park ist ein lebendiges Ausflugsziel speziell für Kinder mit einer Reihe spannender Attraktionen. Der Park bietet ein Piratenschiff, eine Achterbahn mit Zipline und Mini-Quads – allesamt darauf ausgelegt, Kinder zu beschäftigen und ihnen Energie zu geben. Der Park ist ideal für jüngere Abenteurer, die gerne auf Entdeckungsreise gehen und sich körperlich betätigen. Der Vallée Kids Park bietet eine sichere Umgebung, in der Kinder neue Erfahrungen machen und gleichzeitig mit Familie und Freunden Spaß haben können. Die Vielfalt der Fahrgeschäfte bietet für jedes Kind etwas und macht den Park zur ersten Wahl für einen erlebnisreichen Tag.

Splash N Fun Freizeitpark

Für einen Tag voller Wasserspaß ist der Splash N Fun Leisure Park ein Muss. Dieser Wasserpark bietet eine Reihe von Rutschen, Pools und Planschbecken für Kinder jeden Alters. Ob Riesenrutschen oder flache Planschbecken – hier finden Kinder endlosen Spaß. Der Park ist mit allen Sicherheitsvorkehrungen ausgestattet und somit ein sorgenfreies Ausflugsziel für Familien. Ob Entspannung im Lazy River oder aufregende Wasserrutschen – Splash N Fun bietet Kindern eine coole Abwechslung und stundenlange Unterhaltung.

Ebene Recreational Park

Der Ebene Recreational Park ist eine wunderbare Option für Familien, die ein entspannteres Erlebnis mit viel Platz zum Spielen und Entdecken für Kinder suchen. Mit seinen weitläufigen Freiflächen und Spielplätzen fördert er körperliche Aktivität und soziale Interaktion unter Kindern. Der Park ist für das Spielen im Freien konzipiert und ein idealer Ort für Kinder, um neue Freunde zu finden und frische Luft zu genießen. Die offenen Flächen eignen sich auch hervorragend für ein Familienpicknick oder einen gemütlichen Spaziergang und bieten Kindern zahlreiche Möglichkeiten, die Natur zu genießen und in einer sicheren Umgebung mit anderen zu interagieren.

Das Star Estate

Le Domaine de l'Étoile bietet Kindern die Möglichkeit, die Natur zu erleben und gleichzeitig Öko-Abenteuer im Freien zu erleben. Ponyreiten und Naturpfade ermöglichen es Kindern, die natürliche Schönheit der Insel auf spielerische und lehrreiche Weise zu erkunden. Dieser Park bietet eine einzigartige Mischung aus Abenteuer und Lernen. Kinder können mit Tieren interagieren und etwas über die Flora und Fauna der Insel lernen. Es ist der perfekte Ort für Familien, die einen aktiven Tag im Freien verbringen und körperliche Aktivität mit der Wertschätzung der Wunder der Natur verbinden möchten.

Kingwinch Mauritius Wake Park

Für ältere Kinder und Jugendliche, die etwas Abenteuerlicheres suchen, bietet der Kingwinch Mauritius Wake Park einen spannenden Einstieg in den Wassersport. Der Park bietet Wakeboard-Kurse in einer sicheren und kontrollierten Umgebung an, bei denen Kinder den Nervenkitzel des Gleitens über das Wasser erleben können. Ob Anfänger oder Fortgeschrittener, die professionellen Lehrer des Parks sorgen für ein unterhaltsames und sicheres Erlebnis. Der Kingwinch Wake Park ist ein großartiger Ort, um ältere Kinder herauszufordern und ihnen gleichzeitig eine spannende neue Fähigkeit zu vermitteln.

Strände und Resorts für Familien

Mauritius ist bekannt für seine atemberaubenden Strände und erstklassigen Resorts und damit ein beliebtes Reiseziel für Familienurlaube. Ob Luxusunterkünfte, kinderfreundliche Annehmlichkeiten oder eine Mischung aus Entspannung und Abenteuer – die Insel hat für jede Familie etwas zu bieten. Hier sind einige der besten Resorts und Strände, an denen Familien einen unvergesslichen Aufenthalt genießen können.

Anahita Golf & Spa Resort

Das Anahita Golf & Spa Resort ist die erste Wahl für Familien, die Luxus und Komfort suchen. Das Resort verfügt über geräumige Familiensuiten, die sich perfekt für Familien mit Kindern eignen. Ein eigener Kinderclub mit abwechslungsreichen Aktivitäten sorgt für Unterhaltung für Kinder, während die Eltern entspannen. Das weitläufige Gelände des Resorts bietet Möglichkeiten für Outdoor-Aktivitäten wie Golf und Wassersport und ist somit ein idealer Ort für Familien, die Entspannung und Abenteuer suchen. Anahitas Kombination aus Luxus, familienfreundlichen Annehmlichkeiten und landschaftlicher Schönheit garantiert einen komfortablen Aufenthalt für alle.

LUX Belle Mare

Das LUX Belle Mare ist ein familienfreundliches Resort mit zahlreichen Annehmlichkeiten für Familien mit Kleinkindern. Das Resort verfügt über einen Kinderclub, in dem Kinder an betreuten Aktivitäten teilnehmen können, während die Eltern Zeit zum Entspannen haben. Familienfreundliche Speisemöglichkeiten sorgen dafür, dass alle, vom Kleinkind bis zum Erwachsenen, gemeinsam köstliche Mahlzeiten genießen können. Das sichere, flache Wasser am Strand lädt zum Spielen für Kinder ein und macht das Resort zu einem idealen Reiseziel für Familien, die gerne Zeit am Meer verbringen.

Constance Belle Mare Strand

Für Familien, die Entspannung und Erholung suchen, bietet das Constance Belle Mare Plage Familiensuiten, Kinderprogramme und einfachen Zugang zu einem der schönsten Strände von Mauritius. Das Resort ist familienfreundlich gestaltet und bietet eine ruhige Atmosphäre mit zahlreichen Aktivitäten für Kinder. Ob Sie am Strand entspannen, die grüne Umgebung des Resorts erkunden oder die vielfältigen familienorientierten Programme genießen möchten – das Constance Belle Mare

Plage ist eine wunderbare Option für Familien, die Komfort und Abenteuer zugleich suchen.

One&Only Le Saint Géran

Das One&Only Le Saint Géran ist ein Luxusresort, das sich ganz auf Familien konzentriert. Bekannt für seinen außergewöhnlichen Service, bietet das Resort Familienunterkünfte und ein breites Angebot an Aktivitäten für Kinder. Der Kinderclub des Resorts sorgt mit verschiedenen Aktivitäten für Unterhaltung, während die Eltern die erstklassigen Einrichtungen und Spa-Angebote genießen können. Der unberührte Strand bietet eine sichere und ruhige Umgebung zum gemeinsamen Entspannen für Familien und ist somit eine ausgezeichnete Wahl für alle, die ein erstklassiges Familienerlebnis suchen.

Maradiva Villas Resort & Spa

Das Maradiva Villas Resort & Spa bietet ein exklusives Erlebnis für Familien mit privaten Villen, Pools und viel Platz zum Entspannen. Das Resort bietet spezielle Kinderclubs und familienorientierte Services, die dafür sorgen, dass Kinder unterhalten werden, während die Eltern die ruhige Atmosphäre genießen können. Mit dem Fokus auf

Privatsphäre und Luxus bietet Maradiva einen intimeren Familienurlaub mit dem zusätzlichen Vorteil eines persönlichen Services, der auf die Bedürfnisse von Eltern und Kindern eingeht.

Kulturelle Erlebnisse für Kinder

Mauritius ist eine lebendige Mischung verschiedener Kulturen und bietet Kindern zahlreiche Möglichkeiten, das reiche Kulturerbe der Insel zu entdecken. Die vielfältige Geschichte der Insel, geprägt von afrikanischen, indischen, französischen und chinesischen Einflüssen, schafft ein einzigartiges Umfeld für junge Reisende, um Traditionen, Kunst und Geschichte auf interaktive und spannende Weise kennenzulernen. Von praktischen Kochkursen bis hin zum Besuch heiliger Stätten gibt es für Familien mit Kindern zahlreiche bereichernde kulturelle Erlebnisse. Diese Aktivitäten bieten nicht nur Unterhaltung, sondern vertiefen auch das Verständnis der Kinder für das vielfältige kulturelle Gefüge von Mauritius. Hier sind einige wunderbare kulturelle Erlebnisse, die sich perfekt für Kinder und Familien eignen, die die Insel besuchen.

Kochkurse

Kochen ist eine der unterhaltsamsten und intensivsten Möglichkeiten für Kinder, die lokale Kultur kennenzulernen. Die mauritische Küche ist eine köstliche Mischung verschiedener kultureller Einflüsse, und familienfreundliche Kochkurse bieten eine praktische Gelegenheit, dies zu erleben. Kinder werden es lieben, bei der Zubereitung lokaler Gerichte wie scharfer Currys, traditioneller „Rougaille" und süßer Leckereien wie „Gato Pima" (Chilikuchen) oder „Napolitaine" (Mürbeteigkekse) mitzuhelfen. In diesen Kursen lernen Kinder nicht nur, wie man diese Gerichte zubereitet, sondern entwickeln auch eine Wertschätzung für die Zutaten und Techniken, die mauritisches Essen so besonders machen. Die Kurse finden normalerweise in einer warmen und einladenden Umgebung statt, in der Kinder Fragen stellen und sogar bei einigen der unterhaltsameren Aspekte des Kochens, wie dem Mischen oder Kneten von Teig, mithelfen können.

Für Kinder ist Kochen eine Gelegenheit, alle fünf Sinne anzusprechen – den Duft der Gewürze zu riechen, die Konsistenz des Teigs zu spüren und das Endergebnis zu schmecken – und ist ein unterhaltsames und lehrreiches Erlebnis. Viele Kochschulen bieten auch themenbezogene

Kurse an, in denen Kinder etwas über die Geschichte der Gerichte und die Kulturen lernen, die zu ihrer Entstehung beigetragen haben. So erhalten sie ein umfassenderes Verständnis der kulturellen Einflüsse von Mauritius.

Sega-Tanzvorführungen

Kein Besuch auf Mauritius wäre vollständig, ohne den lebendigen Rhythmus und die Energie des Sega-Tanzes zu erleben, dem Herzstück der traditionellen Musik- und Tanzkultur der Insel. Sega wird im Rhythmus der Trommeln getanzt, die Tänzer bewegen sich fließend und ausdrucksstark. Begleitet wird der Tanz typischerweise von gefühlvoller Musik, die die afrikanischen Wurzeln der Insel widerspiegelt. Für Kinder ist der Besuch einer Sega-Tanzvorführung sowohl unterhaltsam als auch lehrreich. Die farbenfrohen Kostüme, die energiegeladenen Bewegungen und die mitreißende Musik werden das junge Publikum begeistern.

In vielen Kulturzentren und Resorts werden Sega-Aufführungen angeboten, und einige bieten sogar interaktive Kurse an, bei denen Kinder die Tanzschritte selbst ausprobieren können. Dies ist eine fantastische Möglichkeit für Kinder, auf unterhaltsame und lehrreiche Weise körperlich mit der Kultur in Berührung zu kommen. Darüber hinaus erzählen die Musik und die Texte von Sega oft Geschichten von Liebe, Leben und Geschichte und vermitteln Kindern durch Kunst und Ausdruck ein tieferes Verständnis der mauritischen Kultur.

Lokale Märkte

Der Besuch eines lokalen Marktes auf Mauritius ist wie das Eintauchen in eine sinnliche Welt voller Farben, Klänge und Aromen. Auf den Märkten herrscht geschäftiges Treiben und bietet Kindern eine großartige Gelegenheit, die kulturelle Vielfalt der Insel hautnah zu erleben. Der Zentralmarkt in Port Louis beispielsweise ist voller Stände, an denen alles von duftenden Gewürzen und frischen tropischen Früchten bis hin zu kunstvollem Kunsthandwerk und Textilien verkauft wird. Während Familien über den Markt schlendern, können Kinder den lokalen Kunsthandwerkern bei der Arbeit zusehen, zum Beispiel Korbflechtern oder Schneidern, die schöne Stoffe zu Kleidung verarbeiten.

Für jüngere Kinder ist dies eine fantastische Gelegenheit, die Bedeutung von Märkten im Alltag der Insel kennenzulernen, während ältere Kinder die kulturelle Bedeutung verschiedener Dinge erkunden können – Gewürze wie Safran, Kreuzkümmel und Zimt, die die reiche kulinarische Tradition von Mauritius widerspiegeln, oder die farbenfrohen Textilien und das Kunsthandwerk, die Teil der einzigartigen Kunstfertigkeit der Insel sind. Auf vielen Märkten gibt es auch Essensstände, an denen Kinder lokales Streetfood wie „Dholl Puri" (Fladenbrot) und „Samosas" probieren können, was einen direkten Bezug zur kulinarischen Tradition der Insel bietet.

Großes Becken (Ganga Talao)

Grand Bassin, auch bekannt als Ganga Talao, ist einer der heiligsten Orte für Hindus auf Mauritius und bietet Familien ein friedliches und spirituelles Erlebnis. Dieser ruhige See, eingebettet in die Berge, beherbergt einen großen Hindutempel und beeindruckende Statuen von Göttern und Göttinnen. Für Kinder bietet ein Besuch des Grand Bassin die Möglichkeit, die hinduistischen Traditionen und religiösen Praktiken der Insel kennenzulernen. Familien können einen gemütlichen Spaziergang um den See machen und die heiligen Statuen und die umliegende Naturschönheit bewundern.

Für Kinder bietet Grand Bassin eine bereichernde Erfahrung, da sie die religiöse Bedeutung des Ortes kennenlernen. Die friedliche Umgebung ermöglicht es ihnen, über das spirituelle Leben der Insel nachzudenken, und das jährliche Maha Shivaratri-Festival, das in Grand Bassin stattfindet, bietet mit Prozessionen, Musik und Feierlichkeiten ein noch farbenfroheres und aufregenderes Erlebnis. Während Ihres Besuchs können Kinder Fragen zu den religiösen Bräuchen stellen und die Vielfalt der spirituellen Praktiken, die Mauritius ausmachen, besser verstehen lernen.

Heimatmuseen

Mauritius verfügt über zahlreiche Kulturmuseen, die faszinierende Einblicke in die Geschichte und Kultur der Insel bieten. Besonders für Kinder ist dies ein großartiges Lernerlebnis. Eines der beliebtesten ist**Das Zuckerabenteuer**, befindet sich in einer ehemaligen Zuckerfabrik. Dieses Museum erzählt die Geschichte der Zuckerindustrie von Mauritius, die die Geschichte, Wirtschaft und Sozialstruktur der Insel geprägt hat. Anhand interaktiver Ausstellungen können Kinder etwas über die Zuckerproduktion lernen, wie sie für die Entwicklung der Insel von zentraler Bedeutung war und welche

Auswirkungen der Zuckerhandel auf das Leben von Sklaven und Arbeitern hatte. Die interaktiven Ausstellungsstücke des Museums, darunter alte Maschinen und Modelle, machen die Geschichte des Zuckers für junge Menschen informativ und spannend zugleich.

Zusätzlich zu**Das Zuckerabenteuer**, gibt es auf Mauritius mehrere andere Museen, die sich mit der kulturellen und historischen Entwicklung der Insel befassen, darunter das**Blue Penny Museum**, das die Geschichte der Briefmarken der Insel präsentiert, und die**Mahébourg Museum**, das sich mit der maritimen Geschichte der Insel befasst. Diese Museen bieten Kindern eine einzigartige Perspektive auf die vielfältigen Einflüsse, die Mauritius zu der lebendigen, multikulturellen Gesellschaft gemacht haben, die es heute ist.

Mauritius bietet Kindern zahlreiche Möglichkeiten, die reiche Kultur, Geschichte und Traditionen der Insel zu entdecken. Von Kochkursen und interaktiven Tanzvorführungen bis hin zu Besuchen heiliger Stätten und Heimatmuseen gibt es unzählige Möglichkeiten für Familien, das vielfältige kulturelle Angebot der Insel kennenzulernen. Indem Sie diese Erlebnisse in Ihre

Reiseplanung integrieren, sorgen Sie dafür, dass Ihre Kinder nicht nur Spaß haben, sondern auch ein tieferes Verständnis für das Erbe der Insel entwickeln. Diese Aktivitäten sorgen für bereichernde, unvergessliche Momente, die Ihrer Familie noch lange nach der Abreise in Erinnerung bleiben werden.

Reisen mit kleinen Kindern auf Mauritius

Reisen mit kleinen Kindern kann sowohl aufregend als auch herausfordernd sein, aber mit sorgfältiger Planung und den richtigen Ressourcen kann es auch unglaublich lohnend sein. Mauritius, bekannt für seine unberührten Strände, sein reiches kulturelles Erbe und seine familienfreundlichen Resorts, bietet zahlreiche Möglichkeiten, unvergessliche Erinnerungen mit Ihren Kindern zu schaffen. Damit Ihre Reise reibungslos und stressfrei verläuft, finden Sie hier einige wichtige Tipps für Reisen mit kleinen Kindern nach Mauritius – von Unterkunft und Packen bis hin zu Gesundheit und Transport.

Familienfreundliche Resorts und Dienstleistungen

Auf Mauritius gibt es zahlreiche familienfreundliche Resorts, die Familien mit kleinen Kindern das Leben erleichtern. Diese Resorts bieten eine breite Palette an

Dienstleistungen und Aktivitäten, die speziell auf die Bedürfnisse junger Gäste zugeschnitten sind. So können Eltern entspannen und wissen, dass ihre Kinder in guten Händen sind.

Ein besonderes Merkmal familienfreundlicher Resorts auf Mauritius sind die speziellen Kinderclubs. Diese werden oft von geschultem Personal betreut und bieten eine Reihe von Aktivitäten, die Kinder stundenlang beschäftigen. Ob Basteln, Schatzsuchen oder das Kennenlernen der einheimischen Tierwelt – diese Clubs bieten Unterhaltung und Bildung zugleich. Für jüngere Kinder bieten viele Resorts auch einen Babysitter-Service an, sodass Eltern Zeit zum Entspannen, für eine Spa-Behandlung oder ein romantisches Abendessen haben, ohne sich um das Wohl ihrer Kinder sorgen zu müssen.

Auch die Ausstattung der Resorts ist auf Familien ausgerichtet: Es gibt kinderfreundliche Pools, schattige Spielbereiche und Familiensuiten, die mit allem ausgestattet sind, was Sie brauchen – vom Kinderbett bis zum Hochstuhl. Viele Resorts bieten außerdem einen „Familien-Concierge“-Service an, der Ihren Aufenthalt so stressfrei wie möglich gestalten soll. Dieser Service hilft Ihnen bei der Organisation von Ausflügen, der Buchung von Aktivitäten und erfüllt sogar Sonderwünsche wie zusätzliche Handtücher oder Babyausstattung.

Für Familien, die mehr Outdoor-Abenteuer suchen, gibt es Resorts wie**Anahita Golf & Spa Resort** Und **LUX Belle Mare**Die großzügigen Anlagen bieten Kindern die Möglichkeit, sich frei zu bewegen oder an lustigen Aktivitäten wie Seilrutschen, Ponyreiten oder Bootsfahrten teilzunehmen. Diese Aktivitäten sind ideal für Kinder, die im Urlaub Entspannung und Abenteuer zugleich genießen möchten.

Wichtige Packtipps

Das Packen für eine Familienreise nach Mauritius erfordert etwas mehr Planung, insbesondere wenn Sie mit kleinen Kindern reisen. Damit Sie alles haben, was Sie brauchen, finden Sie hier einige wichtige Dinge, die Ihre Reise angenehmer und angenehmer machen:

- **Sonnenschutz und Schutzkleidung:**Die tropische Sonne auf Mauritius kann sehr intensiv sein. Schützen Sie daher die empfindliche Haut Ihres Kindes. Wählen Sie ein für Kinder geeignetes

Sonnenschutzmittel mit hohem Lichtschutzfaktor und tragen Sie es regelmäßig auf, insbesondere im Freien. Leichte, langärmelige Kleidung und breitkrempige Hüte schützen Kinder vor der Sonne und sorgen gleichzeitig für ein angenehmes Klima. Vergessen Sie nicht, Badesachen und Badeschuhe für lange Strandtage einzupacken.

- **Snacks und Getränke:**Kinder können jederzeit hungrig werden, daher ist es wichtig, gesunde Snacks wie Obst, Cracker und Müsliriegel mitzunehmen. In warmen Klimazonen ist es besonders wichtig, dass Kinder ausreichend trinken. Packen Sie daher unbedingt nachfüllbare Wasserflaschen ein. Viele Resorts bieten gefiltertes Wasser oder Wasserstationen an. Mit einem eigenen Vorrat müssen Sie jedoch nicht warten.

- **Strandspielzeug und -utensilien:**Mauritius ist berühmt für seine wunderschönen Strände. Vergessen Sie also nicht, Strandspielzeug wie Eimer, Schaufeln und aufblasbare Schwimmkörper einzupacken. Diese Spielsachen sorgen für

Unterhaltung bei Kindern, während sie Sandburgen bauen oder im seichten Wasser planschen. Sie benötigen außerdem Handtücher, Badesachen und eine Strandtasche, um alles zu transportieren.

- **Erste-Hilfe-Kasten:**Ein Erste-Hilfe-Kasten ist für jede Reise unverzichtbar, insbesondere mit Kindern. Packen Sie unbedingt Pflaster, antiseptische Creme, Insektenstichmittel und alle verschreibungspflichtigen Medikamente ein, die Ihr Kind möglicherweise benötigt. Es ist außerdem ratsam, Babytücher und Handdesinfektionsmittel für die Hygiene einzupacken, sowie alle Körperpflegeprodukte, die Ihr Kind regelmäßig verwendet.

- **Babyausstattung:**Viele Resorts auf Mauritius stellen Babyausstattung wie Kinderbetten, Hochstühle und Kinderwagen zur Verfügung. Es empfiehlt sich jedoch, sich vorab beim Resort zu erkundigen. Wenn Ihr Kind einen Kinderwagen benutzt, kann es hilfreich sein, Ihren eigenen mitzubringen, da an manchen öffentlichen Orten

Kinderwagen nicht erlaubt sind. Packen Sie am besten einen leichten, kompakten Kinderwagen ein, der sich für die Reise leicht zusammenklappen lässt.

Gesundheit und Sicherheit

Obwohl Mauritius im Allgemeinen ein sicheres Reiseziel ist, sollten Sie einige Gesundheits- und Sicherheitsvorkehrungen treffen, insbesondere wenn Sie mit kleinen Kindern reisen. So können Sie das Wohlbefinden Ihrer Familie während Ihrer Reise gewährleisten:

- **Sonnenschutz:**Die Sonne auf Mauritius kann sehr stark sein, und kleine Kinder sind besonders anfällig für Sonnenbrand. Ziehen Sie Ihrem Kind leichte, atmungsaktive Kleidung an und verwenden Sie Sonnenschutzmittel mit hohem Lichtschutzfaktor (mindestens 30), um es vor schädlichen UV-Strahlen zu schützen. Tragen Sie Sonnenschutzmittel alle paar Stunden erneut auf, insbesondere nach dem Schwimmen. Tragen Sie einen breitkrempigen Hut, um Gesicht und Hals Ihres Kindes zu schützen, und ermutigen Sie Ihr Kind, während der heißesten

Tageszeit (normalerweise zwischen 11 und 15 Uhr) im Schatten zu spielen.

- **Schwimmen überwachen:**Mauritius bietet zwar atemberaubende Strände mit ruhigem Wasser, dennoch ist es wichtig, Kinder beim Schwimmen stets im Auge zu behalten. An manchen Stränden kann es zu starken Strömungen kommen. Halten Sie sich daher an kinderfreundliche Strände mit Rettungsschwimmern und flachem Wasser. Für jüngere Kinder empfiehlt sich die Verwendung von Schwimmflügeln oder Schwimmflügeln. Behalten Sie Ihr Kind immer im Auge, auch im flachen Wasser.

- **Insektenschutz:**Mauritius ist ein tropisches Reiseziel und daher Heimat für Mücken, die Krankheiten wie Denguefieber und Chikungunya übertragen können. Schützen Sie Ihr Kind mit einem kindersicheren Insektenschutzmittel, insbesondere in der Morgen- und Abenddämmerung, wenn die Mücken am aktivsten sind. Das Tragen von langärmliger Kleidung und Hosen am Abend kann das Risiko von Insektenstichen weiter verringern. Achten Sie darauf, dass das Resort oder die Umgebung nach Moskitonetzen ausgestattet ist, wenn Sie in ländlichen oder offenen Unterkünften übernachten.

- **Gesundheitsversorgung und Notfalldienste:**Mauritius verfügt über moderne Gesundheitseinrichtungen mit Krankenhäusern und Kliniken auf der gesamten Insel. Es ist jedoch immer ratsam, eine Reiseversicherung abzuschließen, die medizinische Notfälle und eine mögliche Evakuierung abdeckt. Stellen Sie vor der Reise sicher, dass Ihr Kind über die neuesten Impfungen verfügt, und nehmen Sie alle notwendigen Medikamente und medizinischen Hilfsmittel mit. Notrufnummern, z. B. für Polizei oder Krankenwagen (999 oder 114), sollten Sie für einen schnellen Zugriff in Ihrem Telefon speichern.

Transport mit Kindern

Mit kleinen Kindern auf Mauritius unterwegs zu sein, kann bei entsprechender Planung einfach sein. Obwohl die öffentlichen Verkehrsmittel auf Mauritius für Familien mit Kinderwagen nicht immer ideal sind, gibt es viele andere bequeme und sichere Transportmöglichkeiten:

- **Mietwagen mit Kindersitz:**Ein Mietwagen ist eine der bequemsten Optionen für Familien, da Sie so flexibel sind und die Stadt in Ihrem eigenen Tempo erkunden können. Viele Autovermietungen bieten Fahrzeuge mit Kindersitzen an. Fordern Sie daher bei Ihrer Reservierung unbedingt einen an. So reisen Sie bequem und sorgen für die Sicherheit Ihres Kindes im Straßenverkehr.

- **Taxis mit kinderfreundlicher Ausstattung:**Viele Taxiunternehmen auf Mauritius bieten Kindersitze oder Sitzerhöhungen an. Bitte bestätigen Sie dies bei der Buchung mit dem Fahrer. Taxis eignen sich hervorragend für kurze Strecken und bringen Sie zu Zielen, die mit öffentlichen Verkehrsmitteln möglicherweise nicht erreichbar sind.

- **Öffentliche Verkehrsmittel:**Busse sind zwar eine Option, aber für Familien mit kleinen Kindern, insbesondere mit Kinderwagen, nicht immer die beste Option. Für längere Fahrten oder Besuche in abgelegenen Gebieten kann es praktischer sein, ein Auto zu mieten oder ein Taxi zu nehmen.

Kapitel 10: Einkaufen auf Mauritius

Die besten Märkte für Souvenirs und lokale Waren

Märkte sind ein wesentlicher Bestandteil der mauritischen Kultur und bieten Besuchern eine fantastische Möglichkeit, in die lebendige Atmosphäre der Insel einzutauchen. Ob Kunsthandwerk, farbenfrohe Textilien, aromatische Gewürze oder frische lokale Produkte – die Märkte von Mauritius bieten ein sinnliches Erlebnis voller einzigartiger Fundstücke. Diese Märkte eröffnen Einblicke in die Kultur der Insel und bieten Besuchern die Möglichkeit, mit Einheimischen in Kontakt zu treten und authentische Souvenirs mit nach Hause zu nehmen, die das vielfältige Erbe der Insel widerspiegeln. Im Folgenden finden Sie einige der schönsten Märkte auf Mauritius, die ein einzigartiges Einkaufserlebnis für Familien und Reisende gleichermaßen bieten.

Zentralmarkt, Port Louis

Der Zentralmarkt in Port Louis ist nicht nur ein Einkaufsziel, sondern ein wesentlicher Bestandteil des mauritischen Lebens. Als einer der größten und geschäftigsten Märkte der

Insel ist er ein pulsierender Treffpunkt, an dem die Einheimischen alles von frischen Produkten bis hin zu handgefertigten Waren kaufen. Das Labyrinth aus engen Gassen und Ständen des Marktes ist erfüllt vom Duft frisch gemahlener Gewürze, duftendem Weihrauch und dem Anblick farbenfroher Textilien in allen erdenklichen Farben. Für Besucher, die das wahre Mauritius erleben möchten, ist dieser Markt ein absolutes Muss.

Zu den vielen Produkten, die Sie hier finden, gehören lokale Gewürze wie Vanille, Safran, Zimt und Nelken – perfekt zum Mitnehmen und um die einzigartigen Aromen der Insel nachzuempfinden. Lokale Textilien, darunter farbenfrohe Saris, Schals und Stoffe, werden in Hülle und Fülle verkauft, und viele der Stoffe sind handgewebt oder nach traditionellen Techniken gefärbt. Besonders hervorzuheben sind die handgefertigten Artikel; aufwendige Holzschnitzereien, Metallarbeiten und lokal gefertigter Schmuck sind wunderschöne und authentische Souvenirs.

Wenn Sie mehr über die Kultur der Insel erfahren möchten, finden Sie lokale Händler, die Ihnen gerne die Bedeutung bestimmter Handwerkskunst oder Gewürze erklären und Ihrem Einkaufserlebnis eine persönliche Note verleihen. Der

Zentralmarkt ist auch der perfekte Ort, um mauritisches Streetfood zu probieren, wie zum Beispiel**Puri-Puppe**(Fladenbrot mit Curry),**Samosas**, oder **Chili-Kuchen**(Chili-Kuchen), die Ihnen einen tieferen Einblick in das vielfältige kulinarische Erbe der Insel geben.

Der Kunsthandwerksmarkt, Caudan Waterfront

Der Le Craft Market an der Caudan Waterfront ist ein charmanter, moderner Marktplatz, der sich auf die Präsentation mauritischer Kunst und Handwerkskunst spezialisiert hat. Im Gegensatz zum geschäftigen Treiben des Zentralmarkts bietet der Le Craft Market ein entspannteres und organisierteres Einkaufserlebnis und ist somit ideal für Besucher, die handgefertigte Artikel und lokal hergestellte Kunst schätzen.

Auf diesem Markt finden Sie eine große Auswahl an Kunsthandwerk, darunter handgefertigten Schmuck, einzigartige Wohnaccessoires und lebendige lokale Kunst. Mauritianische Kunsthandwerker schaffen wunderschöne Holz- und Steinskulpturen, viele davon inspiriert von der lokalen Kultur und der Tierwelt der Insel. Auf dem Markt werden auch Textilien wie Schals und Kleidungsstücke angeboten, die oft handgefärbt oder aus lokalen Materialien hergestellt sind und die künstlerischen Traditionen der Insel widerspiegeln.

Der Le Craft Market ist ein hervorragender Ort, um hochwertige, einzigartige Souvenirs zu kaufen, und viele der Artikel eignen sich perfekt als Geschenk. Ein Highlight des Marktes ist die Möglichkeit, die Künstler persönlich kennenzulernen, da viele der Händler vor Ort arbeiten und Besucher mehr über ihren kreativen Prozess erfahren können. Für ein kulturelles Erlebnis, das sowohl wunderschöne Handwerkskunst als auch die Möglichkeit bietet, mit lokalen Künstlern in Kontakt zu treten, ist der Le Craft Market ein außergewöhnliches Ziel.

Quatre Bornes Markt

Der Quatre Bornes Markt ist bekannt für sein vielfältiges Angebot an Textilien und Kleidung und einer der besten Orte der Insel, um farbenfrohe Stoffe zu erschwinglichen Preisen zu kaufen. Dieser Markt im Süden von Mauritius ist ein idealer Ort für alle, die hochwertige, lokale Textilien suchen. Von farbenfrohen Saris über fließende

Kleidungsstücke bis hin zu stilvollen Accessoires bietet der Markt eine beeindruckende Auswahl an Stoffartikeln.

Neben Stoffen ist der Quatre Bornes Markt auch für seinen Verkauf von wunderschönem mauritischem Kunsthandwerk bekannt, darunter kunstvoller Perlenschmuck, geflochtene Körbe und lokale Kunstwerke. Viele der hier verkauften Waren spiegeln die multiethnische Kultur der Insel wider, und Sie finden Artikel in traditionellem und zeitgenössischem Design. Die geschäftige Atmosphäre mit den Einheimischen beim Feilschen und Einkaufen macht diesen Markt zu einem lebendigen Erlebnis. Er ist ein hervorragender Ort, um einzigartige Textilien oder Kunsthandwerk zu erstehen, die die kulturelle Vielfalt der Insel widerspiegeln.

Wenn Sie auf der Suche nach Textilien oder Kleidung mit einzigartigen Mustern und Designs sind, ist der Quatre Bornes Markt genau das Richtige für Sie. Die lebendige, farbenfrohe Atmosphäre sorgt für ein spannendes Einkaufserlebnis, und die Artikel, die Sie hier finden, werden Sie noch lange nach Ihrer Rückkehr an Ihre Mauritius-Abenteuer erinnern.

Grand Baie Basar

Dieser geschäftige Markt im beliebten Touristengebiet Grand Baie bietet eine perfekte Mischung aus Souvenirs und lokalen Produkten. Der Grand Baie Bazaar ist ein großartiger Ort, um typisch mauritische Souvenirs wie traditionelles Kunsthandwerk, Textilien und Schmuck zu erstehen. Der Markt ist bekannt für sein vielfältiges Angebot, von farbenfrohen Sarongs und T-Shirts mit tropischen Motiven bis hin zu lokalen Gewürzen und einzigartigen Kunsthandwerksprodukten.

Für alle, die etwas Besonderes suchen, bietet der Grand Baie Bazaar auch handgefertigte Artikel wie lokale Holzschnitzereien, Wandbehänge und Textilien, die die einzigartige Kultur der Insel widerspiegeln. Der Markt ist geschäftig und lebendig und bietet ein unterhaltsames Einkaufserlebnis im Herzen eines der beliebtesten Strandorte von Mauritius. Nach dem Stöbern an den Ständen können Sie die nahegelegene Uferpromenade erkunden, die Aussicht genießen oder in einem der Cafés einkehren.

Ob Sie ein schnelles Souvenir oder ein bedeutungsvolles Kunstwerk suchen, der Grand Baie Bazaar bietet für jeden

Geschmack etwas. Die lebhafte und freundliche Atmosphäre des Marktes macht ihn zu einem fantastischen Ort zum Einkaufen und zum Kennenlernen der Einheimischen.

Markt von Mahébourg

Wer ein authentischeres und traditionelleres Markterlebnis sucht, findet auf dem Mahebourg Markt einzigartige Einblicke in die lokale Lebensweise. Dieser Markt im charmanten Städtchen Mahebourg im Südosten von Mauritius bietet eine Auswahl authentischer mauritischer Produkte, darunter Gewürze, frisches Obst und Gemüse, Handarbeiten und lokale Kunst. Die Atmosphäre hier ist weniger kommerzialisiert als auf den touristischeren Märkten und bietet Besuchern die Möglichkeit, Mauritius in einer intimeren und entspannteren Umgebung zu erleben.

Hier können Sie traditionelle mauritische Snacks, Gewürze wie Vanille und Kardamom sowie handgefertigte Souvenirs wie geflochtene Körbe, Töpferwaren und Textilien kaufen. Die authentische, lokale Atmosphäre des Marktes bietet Besuchern die Möglichkeit, die Traditionen der Insel hautnah zu erleben und die Kultur und Gemeinschaft von Mauritius kennenzulernen. Der Mahébourg-Markt ist auch ein großartiger Ort, um frischen Fisch, lokales Obst und Gemüse zu probieren und so einen noch tieferen Einblick in das Inselleben zu gewinnen.

Mauritianisches Kunsthandwerk: Ein Paradies für Kunsthandwerksliebhaber

Mauritius ist ein Land vielfältiger Kulturen und Traditionen, und nirgendwo wird dies deutlicher als im Kunsthandwerk der Insel. Die Fähigkeiten und die Kunstfertigkeit der lokalen Kunsthandwerker wurden über Generationen weitergegeben, und heute ist die Insel ein lebendiges Zentrum für traditionelles und zeitgenössisches Kunsthandwerk. Von wunderschön geflochtenen Körben bis hin zu kunstvollen Holzschnitzereien – das Kunsthandwerk von Mauritius bietet einen Einblick in das kulturelle Erbe und den kreativen Geist seiner Menschen. Ob Sie Sammler, Kunsthandwerksliebhaber oder einfach nur auf der Suche nach einem bedeutungsvollen Souvenir sind, das Kunsthandwerk der Insel bietet eine große Auswahl an Möglichkeiten, die jeweils den reichen kulturellen Reichtum der Insel widerspiegeln.

Traditionelles Weben

Weben ist eines der beliebtesten Handwerke auf Mauritius. Die Tradition der Herstellung praktischer und dekorativer Gegenstände aus natürlichen Materialien wie Schilf, Palmwedeln und Zuckerrohrfasern hat eine lange Tradition. Die Kunstfertigkeit der mauritischen Weber wurde über Jahrhunderte verfeinert, und heute können Besucher wunderschön gefertigte Körbe, Matten und Hüte bewundern, die diese uralte Technik verkörpern. Der Webprozess ist arbeitsintensiv und erfordert viel Geschick. Die Handwerker verwenden komplizierte Muster mit kultureller und symbolischer Bedeutung. Diese gewebten Gegenstände dienen oft praktischen Zwecken, wie dem Transport von Gütern oder dem Schutz von Feldfrüchten, werden aber auch für ihre Schönheit und den Sinn für Tradition geschätzt, den sie verkörpern.

Auf den lokalen Märkten und in den Handwerksdörfern von Mauritius wimmelt es von handgewebten Artikeln, von denen jeder ein Unikat ist. Ob eine gewebte Matte als Erinnerung oder eine stilvolle gewebte Tasche – diese Stücke bieten eine spürbare Verbindung zu den handwerklichen Wurzeln der Insel. Weben ist nicht nur ein Handwerk – es ist eine lebendige Tradition, die bis heute floriert, und jedes Stück erzählt eine Geschichte aus der Geschichte und Kultur der Insel.

Holzschnitzerei

Holzschnitzerei ist ein weiteres wichtiges Handwerk auf Mauritius und bekannt für die Herstellung detailreicher Skulpturen, die die reiche Tierwelt und kulturelle Symbole der Insel darstellen. Lokale Kunsthandwerker verwenden verschiedene Hölzer, von Rosenholz bis Ebenholz, um kunstvolle Schnitzereien von Tieren wie Hirschen, Schildkröten und Vögeln anzufertigen. Diese Schnitzereien werden oft zu Dekorationsgegenständen wie Figuren, Masken und Möbeln verarbeitet und verleihen jedem Raum einen rustikalen Charme.

Die Kunst der Holzschnitzerei auf Mauritius ist tief in der kulturellen Vielfalt der Insel verwurzelt und weist Einflüsse afrikanischer, indischer und europäischer Traditionen auf. Schnitzer verarbeiten oft Motive, die die spirituellen Überzeugungen, die Natur und das tägliche Leben der Insel repräsentieren. Besucher können auf lokalen Märkten und in Kunsthandwerksbetrieben eine große Auswahl an Holzhandwerk entdecken, die sowohl die Kreativität als auch die kulturelle Bedeutung dieses Handwerks widerspiegeln. Ob Sie eine detailreiche Holzskulptur oder eine geschnitzte Holzschale suchen, jedes Stück spiegelt die persönliche Note und das Können des Künstlers wider.

Textilkunst

Mauritius ist bekannt für seine farbenfrohen Textilien, die farbenfrohe Muster und komplexe Designs kombinieren und oft vom vielfältigen Erbe der Insel inspiriert sind. Traditionelle mauritische Textilien werden von Hand gefärbt und gewebt. Die Kunsthandwerker verwenden natürliche Farbstoffe aus Pflanzen und Früchten, um satte, langlebige Farben zu erzeugen. Aus diesen Textilien werden Kleidungsstücke, Schals und andere Accessoires hergestellt. Sie weisen oft Motive auf, die die kulturellen Einflüsse der Insel widerspiegeln.

Eine der beliebtesten Textilkunst auf Mauritius ist die Herstellung von**Sarongs** Und **dotsi**, traditionelle Kleidung, die sowohl von Einheimischen als auch von Besuchern getragen wird. Diese Kleidungsstücke werden oft aus Baumwolle oder Seide gefertigt und bestechen durch leuchtende Farben und komplizierte Muster, die das Können und die Kreativität der mauritischen Weber unterstreichen. Beim Handfärben kommen Techniken zum Einsatz, die über Generationen hinweg perfektioniert wurden und so jeden Stoff einzigartig machen.

Neben Kleidung werden mauritische Textilien auch für die Herstellung von Haushaltsgegenständen wie Tischdecken, Kissen und Vorhängen verwendet, die oft mit lokalen Mustern bestickt sind. Der Reichtum der Textilien der Insel spiegelt ihre multiethnische Kultur wider, und die farbenfrohen Stoffe eignen sich wunderbar als Souvenirs oder Geschenke, die die Schönheit der Insel einfangen.

Keramik und Töpferei

Keramik und Töpferwaren sind auf Mauritius nicht nur praktisch, sondern auch künstlerischer Ausdruck der Inselkultur. Lokale Kunsthandwerker fertigen eine große Vielfalt an Töpferwaren, von dekorativen Stücken wie Vasen und Schalen bis hin zu praktischen Gegenständen wie Tellern und Kochtöpfen. Die Verwendung von natürlichem Ton in Kombination mit traditionellen Techniken verleiht jedem Stück einen unverwechselbaren Charme.

Die Designs mauritischer Keramik spiegeln oft die tropische Umgebung der Insel wider und zeigen Motive, die vom Meer, der Flora und Fauna inspiriert sind. Viele Töpfer verwenden eine Kombination aus Erdtönen und leuchtenden Farben, um auffällige Stücke zu schaffen. Ob Sie eine wunderschön bemalte Schale oder eine handgetöpferte Vase suchen – die Töpferei von Mauritius bietet für jeden Geschmack etwas. Diese handgefertigten Keramiken eignen sich sowohl als schöne Ausstellungsstücke als auch als praktische Wohnaccessoires und verkörpern die Kreativität und Kunstfertigkeit mauritischer Kunsthandwerker.

Schmuckherstellung

Die kulturelle Vielfalt der Insel zeigt sich auch in der Schmuckherstellung auf Mauritius. Lokale Kunsthandwerker verwenden eine Vielzahl von Materialien, darunter Muscheln, Perlen und Halbedelsteine, um einzigartigen, handgefertigten Schmuck herzustellen. Diese Stücke enthalten oft Elemente der natürlichen Schönheit der Insel, wie Korallen, Muscheln und Türkis, die aus den umliegenden Meeren stammen.

Die Schmucktradition auf Mauritius ist vom afrikanischen, indischen und europäischen Erbe der Insel geprägt. Das Ergebnis sind Designs, die traditionelle und moderne Stile vereinen. Ob zarte Halskette, kunstvolles Armband oder auffällige Ohrringe – auf den lokalen Märkten und in Kunsthandwerksläden finden Sie eine große Auswahl an Designs. Diese handgefertigten Stücke eignen sich perfekt als Geschenk oder persönliches Souvenir und spiegeln die Essenz der Kreativität und Kunstfertigkeit der Insel wider.

Luxus-Shopping: Edle Einkaufszentren und Boutiquen

Mauritius ist bekannt für seine natürliche Schönheit und reiche Kultur, bietet aber auch ein außergewöhnliches Einkaufserlebnis für alle, die hochwertige Marken und Luxusgüter suchen. Die Insel bietet zahlreiche gehobene Einkaufszentren und Boutiquen für anspruchsvolle Käufer, die Designerkleidung, edlen Schmuck und Gourmet-Restaurants suchen. Ob Sie auf der Suche nach globalen Luxusmarken, einzigartigem lokalem Kunsthandwerk oder einer eleganten Einkaufsatmosphäre sind – Mauritius ist das perfekte Reiseziel für Ihren Luxusurlaub. Hier finden Sie einen Leitfaden zu einigen der besten Luxus-Shopping-Ziele der Insel.

Bagatelle Mall

Die Bagatelle Mall ist eine der beliebtesten Einkaufsadressen auf Mauritius und bietet ein anspruchsvolles Einkaufserlebnis in einem großzügigen, modernen Ambiente. Im Herzen der Insel gelegen, bietet das Einkaufszentrum eine große Auswahl an internationalen Luxusmarken wie Louis Vuitton, Gucci und Hugo Boss sowie eine große Auswahl an hochwertigen Accessoires und Schuhen. Ob Sie auf der Suche nach der neuesten Designermode oder exklusiven Düften sind, die Bagatelle Mall bietet alles, was Sie für Ihren Luxus-Einkauf brauchen.

Neben Einkaufsmöglichkeiten bietet die Bagatelle Mall auch eine Vielzahl an gastronomischen Einrichtungen, von gehobenen Restaurants bis hin zu gemütlichen Lokalen – der ideale Ort für einen Tag voller Genuss. Darüber hinaus verfügt die Mall über Unterhaltungsmöglichkeiten, darunter ein Kino, und ist somit ein hervorragender Ort zum Einkaufen und Entspannen. Die Kombination aus Luxusmarken, exzellenter Gastronomie und Unterhaltung macht die Bagatelle Mall zu einem der begehrtesten Einkaufsziele der Insel.

Caudan-Uferpromenade

In malerischer Hafenlage in Port Louis bietet das Caudan Waterfront eine Mischung aus Luxusboutiquen, Kunstgalerien und gehobener Gastronomie. Dieses Einkaufszentrum ist ideal für alle, die ein exklusives Einkaufserlebnis genießen möchten. Designermarken wie Montblanc und Swarovski bieten eine Auswahl an eleganten Produkten. Die Lage am Wasser trägt zum Charme bei und bietet einen wunderschönen Blick auf den Hafen und die Umgebung, was für eine entspannte und zugleich gehobene Einkaufsatmosphäre sorgt.

Neben den Einkaufsmöglichkeiten beherbergt die Caudan Waterfront mehrere Kunstgalerien mit Werken lokaler und internationaler Künstler, die dem Einkaufserlebnis eine kulturelle Note verleihen. Edle Restaurants und Cafés säumen die Uferpromenade und bieten eine Auswahl an Gourmet-Optionen, in denen Besucher eine Mahlzeit mit Aussicht genießen können. Die Mischung aus Luxus-Einzelhandel, Kunst und gehobener Gastronomie macht die

Caudan Waterfront zu einem einzigartigen Ziel für ein luxuriöses Einkaufserlebnis auf Mauritius.

Tribeca Einkaufszentrum

Die Tribeca Mall ist ein modernes Einkaufszentrum für anspruchsvolle Kunden, die Luxusmarken und ein umfassendes Einkaufserlebnis suchen. Im geschäftigen Phoenix gelegen, bietet das Einkaufszentrum eine Reihe gehobener Boutiquen und internationaler Marken, sodass Besucher die neuesten Kollektionen an Mode, Accessoires und vielem mehr entdecken können. Das elegante Design und die Gestaltung der Mall sorgen für ein entspanntes und luxuriöses Einkaufserlebnis. Breite Gänge und stilvolle Innenräume machen das Stöbern zu einem angenehmen Erlebnis.

Neben dem Luxusangebot bietet die Tribeca Mall auch zahlreiche gastronomische Einrichtungen, darunter Restaurants mit regionaler und internationaler Küche. Familien profitieren zudem von den Unterhaltungsmöglichkeiten, was die Mall zu einem idealen Ziel für Shopping und Freizeit macht. Für alle, die ein gehobenes und modernes Einkaufserlebnis suchen, ist die Tribeca Mall ein absolutes Muss.

Phoenix Einkaufszentrum

Die Phoenix Mall im Herzen von Mauritius bietet eine Vielzahl internationaler und lokaler Luxusmarken und ist damit ein abwechslungsreiches Einkaufsziel für Modeliebhaber. Das Einkaufszentrum beherbergt eine Mischung aus High-End-Marken und Premium-Boutiquen und bietet alles von Kleidung und Accessoires bis hin zu Kosmetik und Wohndekor. Das elegante Design und die Gestaltung der Phoenix Mall sorgen für ein komfortables Einkaufserlebnis mit einer Auswahl sorgfältig kuratierter Geschäfte für Luxuskäufer.

Neben den Einkaufsmöglichkeiten bietet die Phoenix Mall eine Vielzahl an Restaurants und Unterhaltungsmöglichkeiten und ist somit der ideale Ort zum Entspannen und Erholen nach einem langen Einkaufstag. Mit einer großen Produktpalette und einem besonderen Fokus auf Kundenservice sorgt die Phoenix Mall für ein erfülltes und angenehmes Einkaufserlebnis.

Rich Earth Mall

Die Riche Terre Mall ist ein modernes Einkaufszentrum im Norden der Insel und bietet eine Kombination aus Mode, Elektronik und Gastronomie. Obwohl es nicht so groß ist wie andere Einkaufszentren, ist Riche Terre für seine Auswahl an trendigen Modeboutiquen und lokalen Marken sowie für sein breites Angebot an internationalen Elektronikgeschäften bekannt. Das moderne Design und die einladende Atmosphäre machen das Einkaufszentrum zu einer beliebten Wahl für alle, die ein entspanntes und bequemes Einkaufserlebnis suchen.

Für Familien und Shoppingbegeisterte, die ein abwechslungsreiches Angebot in modernem Ambiente suchen, bietet die Riche Terre Mall auch mehrere gastronomische Einrichtungen und ist somit ein idealer Ort für ein entspanntes Abendessen nach dem Shoppen. Die Mischung aus Luxusmarken, trendigen Boutiquen und Restaurants bietet ein ausgewogenes Einkaufserlebnis für alle, die Abwechslung und Komfort suchen.

Einkaufen für einzigartige mauritische Textilien

Mauritius ist eine lebendige Insel, die nicht nur mit natürlicher Schönheit und reicher Kultur aufwartet, sondern auch auf eine lange Tradition der Textilproduktion zurückblicken kann. Die Textilindustrie der Insel hat sich im Laufe der Jahre weiterentwickelt und lokale und internationale Einflüsse vereint. Heute ist sie für ihre hochwertigen Stoffe und wunderschönen Kleidungsstücke bekannt. Ob Sie sich für farbenfrohe Stoffe, handgewebte Textilien oder moderne Kleidung interessieren – Mauritius bietet eine große Auswahl an Textilien, die das einzigartige kulturelle Erbe der Insel widerspiegeln. Hier finden Sie einen Leitfaden zu den besten Geschäften für unverwechselbare mauritische Textilien. Entdecken Sie die Kunstfertigkeit der Weber, Designer und Kunsthandwerker der Insel.

Quatre Bornes Markt

Der Quatre Bornes Markt ist für seine lebendigen und farbenfrohen Textilien bekannt und daher ein absolutes Muss für Textilliebhaber. Der Markt bietet eine große

Auswahl an Stoffen, von Baumwolle bis Seide, mit Mustern und Farben, die die vielfältigen kulturellen Einflüsse der Insel widerspiegeln. Viele der hier verkauften Textilien sind handgewebt oder handgefärbt, was ihren einzigartigen Charme unterstreicht.

Besucher finden hier alles von traditioneller mauritischer Kleidung, wie zum Beispiel**Sarongs** Und **dotsi**, bis hin zu wunderschön bedruckten Stoffen, die sich für die Herstellung von Kleidung oder Wohnaccessoires eignen. Die Preise auf dem Quatre Bornes Markt sind konkurrenzfähig und machen ihn zu einem erschwinglichen Ort für den Einkauf hochwertiger Textilien. Ob Sie ein Stück Stoff für Ihre eigene Kleidung oder ein fertiges Kleidungsstück suchen, dieser Markt ist ein hervorragender Ort, um einzigartige, authentische Textilien zu finden, die die kulturelle Vielfalt der Insel widerspiegeln.

Blumenplatz

Für alle, die hochwertige Kleidung aus lokal produzierten Textilien suchen, ist der Floreal Square ein fantastisches Ziel. Im Herzen der Insel gelegen, beherbergt der Floreal Square Geschäfte, die sich auf Kleidung und Textilien aus

Materialien wie Baumwolle, Leinen und Seide spezialisiert haben. Diese Kleidungsstücke werden oft vor Ort hergestellt, sodass Besucher die Möglichkeit haben, gut verarbeitete, hochwertige Kleidung zu wettbewerbsfähigen Fabrikpreisen zu erwerben.

Der Floreal Square ist besonders beliebt für seine Stilvielfalt, die von Freizeitkleidung bis hin zu formeller Kleidung reicht. Die Geschäfte hier bieten die Möglichkeit, zeitgenössische mauritische Mode zu erwerben, deren Designs oft lokale Traditionen mit internationalen Trends verbinden. Hier finden Sie wunderschöne, lokal gefertigte Kleidung, die sowohl das Erbe als auch das moderne Flair der Insel widerspiegelt.

Arsenal

Arsenal ist eine Boutique, die stolz darauf ist, Kleidung und Accessoires aus natürlichen Materialien wie Baumwolle, Leinen und Seide anzubieten, die alle lokal auf Mauritius produziert werden. Arsenal ist bekannt für sein Engagement für nachhaltige und ethische Mode und ein wunderbarer Ort, um umweltfreundliche und stilvolle Textilien und Kleidung zu kaufen.

Die Boutique bietet eine große Auswahl an Kleidungsstücken, darunter Kleider, Hemden und Schals, allesamt aus feinsten Stoffen. Viele der Stücke sind im zeitgenössischen Stil entworfen, enthalten aber dennoch traditionelle mauritische Elemente, was sie einzigartig und modisch macht. Wenn Sie sich für hochwertige, lokal gefertigte Kleidung interessieren, die auf natürliche Materialien und Handwerkskunst setzt, ist Arsenal ein Muss für Textilliebhaber.

Bagatelle Mall

Wer eine Mischung aus lokalen und internationalen Textilien sucht, ist in der Bagatelle Mall genau richtig. Dieses gehobene Einkaufszentrum bietet eine Vielzahl von Geschäften mit lokalem und internationalem Stil und bietet Käufern einen Mix aus mauritischer und internationaler Mode. Viele Geschäfte der Bagatelle Mall führen Textilien aus Mauritius, wobei Qualität und Design im Vordergrund stehen.

Ob Sie moderne Kleidung oder einzigartige Textilien suchen, die Bagatelle Mall bietet eine große Auswahl. Das vielfältige Angebot der Mall bietet für jeden Geschmack etwas, von exklusiven Boutiquen bis hin zu legeren Modegeschäften. Sie ist der perfekte Ort für Besucher, die eine Mischung aus lokal produzierten Stoffen und internationalen Marken an einem Ort finden möchten.

Cascavelle Einkaufszentrum

Das Cascavelle Einkaufszentrum ist eine weitere großartige Möglichkeit für den Textileinkauf. Hier finden Sie eine Vielzahl von Geschäften, die Stoffe, Kleidung und Accessoires verkaufen. Viele der Textilgeschäfte sind auf lokal produzierte Materialien wie Baumwolle und Leinen spezialisiert, aus denen eine Vielzahl von Kleidungsstücken hergestellt werden. Ob Sie traditionelle mauritische Kleidung oder moderne Kleidung aus hochwertigen Stoffen suchen, in Cascavelle finden Sie eine große Auswahl.

Das Einkaufserlebnis in Cascavelle ist entspannt und familienfreundlich. Die große Auswahl an Bekleidungsgeschäften bietet alles von Freizeitkleidung bis hin zu formeller Kleidung. Der Schwerpunkt des Einkaufszentrums auf hochwertigen Textilien garantiert langlebige und stilvolle Stoffe und macht es zu einem idealen Ziel für Käufer, die lokal gefertigte, hochwertige Kleidung und Textilien suchen.

Wo Sie die besten Angebote auf Mauritius finden

Einkaufen auf Mauritius ist ein wunderbares Erlebnis. Wer jedoch das Beste aus seinem Geld machen möchte, sollte wissen, wo er die besten Angebote findet. Von saisonalen Schlussverkäufen über lokale Märkte bis hin zu Outlets gibt es zahlreiche Möglichkeiten, tolle Rabatte zu erhalten. Hier finden Sie einige praktische Tipps, wie Sie beim Einkaufen auf dieser wunderschönen Insel das Beste für Ihr Geld bekommen.

Verkaufssaisons

Mauritius bietet das ganze Jahr über mehrere Schlussverkäufe und ist daher ein hervorragendes Reiseziel für Schnäppchenjäger. Die beste Zeit für Rabatte ist die Weihnachtszeit, wenn viele Geschäfte zur Vorbereitung auf das neue Jahr große Rabatte anbieten. Auch außerhalb der Hauptsaison, wie September und Oktober, gibt es Schlussverkäufe, da die Einzelhändler ihre Lager vor Beginn der geschäftigen Weihnachtszeit räumen. Diese

Schlussverkäufe beinhalten oft Rabatte auf Kleidung, Elektronik, Haushaltswaren und Luxusmarken. Planen Sie Ihre Reise also zu diesen Zeiten, wenn Sie auf der Suche nach Schnäppchen sind. Behalten Sie in diesen Zeiten lokale Anzeigen und Sonderangebote im Auge, um die besten Schnäppchen zu ergattern.

Lokale Märkte

Für diejenigen, die authentische mauritische Produkte zu erschwinglichen Preisen suchen, sind die lokalen Märkte der Insel ein ausgezeichneter Ort zum Einkaufen. Märkte wie**Quatre Bornes Markt** Und **Markt von Port Louis**bieten eine große Auswahl an Waren, von frischen Produkten und Gewürzen bis hin zu Kleidung, Accessoires und Kunsthandwerk – alles zu günstigen Preisen. Im Gegensatz zu Luxus-Einkaufszentren bieten lokale Märkte die Möglichkeit, mit den Händlern zu feilschen und sich so das beste Angebot zu sichern. Die lebendige Atmosphäre dieser Märkte trägt ebenfalls zum Einkaufserlebnis bei und macht sie zu einer großartigen Möglichkeit, beim Einkaufen in die lokale Kultur einzutauchen.

Wenn Sie auf der Suche nach Souvenirs, Textilien oder lokal gefertigten Artikeln sind, sind diese Märkte ideal. Händler bieten oft Rabatte an, insbesondere bei Großbestellungen oder zu ruhigeren Zeiten. Denken Sie daran, dass Feilschen auf lokalen Märkten üblich ist. Zögern Sie also nicht, die Preise zu verhandeln, um das beste Preis-Leistungs-Verhältnis zu erhalten.

Bagatelle Mall

Für diejenigen, die auf der Suche nach Luxusgütern zum Sonderpreis sind,**Bagatelle Mall**ist ein Top-Reiseziel. Dieses erstklassige Einkaufszentrum bietet regelmäßig Sonderangebote und Aktionen, insbesondere zu Großveranstaltungen oder in der Weihnachtszeit. Das Einkaufszentrum bietet Luxusmarken wie Louis Vuitton, Gucci und Hugo Boss, und viele Geschäfte bieten Rabatte während saisonaler Schlussverkäufe oder Sonderaktionen. Wenn Sie Designerkleidung, Accessoires oder Elektronik suchen, ist die Bagatelle Mall ein idealer Ort, um nach Schnäppchen für Luxusprodukte zu suchen. Halten Sie Ausschau nach Blitzverkäufen, exklusiven Angeboten oder Saisonrabatten, um Ihr Einkaufserlebnis optimal zu nutzen.

Einkaufsmöglichkeiten

Auf Mauritius gibt es mehrere Outlets, in denen Sie Artikel aus der Vorsaison großer globaler Marken zu stark reduzierten Preisen finden. Diese Outlets verkaufen Produkte bekannter Marken zu einem Bruchteil des ursprünglichen Verkaufspreises.**Phoenix Einkaufszentrum** Und **Caudan-Uferpromenade**Beide Outlet-Stores sind ausgezeichnete Orte, um Kleidung, Schuhe, Accessoires und Haushaltswaren zu reduzierten Preisen zu kaufen. Diese Outlets sind besonders bei Touristen beliebt, die hochwertige Waren zu einem niedrigeren Preis kaufen möchten. Hier finden Sie Rabatte auf hochwertige Mode, Sportbekleidung und mehr – eine ideale Option für Käufer, die Luxus zum Schnäppchenpreis suchen.

Auch in Outlets finden Sie exklusive Kollektionen und Restposten zu reduzierten Preisen. Das Einkaufserlebnis ähnelt dem in anderen Ländern, bietet aber zusätzlich den Vorteil, einzigartige mauritische Stücke zu entdecken, die die Kultur der Insel widerspiegeln.

Mauritius Shopping App

Für noch exklusivere Angebote sollten Sie lokale Shopping-Apps wie**Deals.mu**Diese Apps bieten Rabatte auf eine Vielzahl von Produkten und Dienstleistungen, von Hotelaufenthalten und Aktivitäten bis hin zu Shopping und Gastronomie. Deals.mu ist besonders nützlich für Reisende, die ihr Budget optimal nutzen und gleichzeitig lokale Erlebnisse genießen möchten. Mit der App finden Sie Sonderangebote beliebter mauritischer Marken, Ermäßigungen auf Eintrittspreise für Attraktionen oder Angebote für Restaurants und Touren. Dank des praktischen Einkaufs direkt über die App können Sie Sonderangebote schnell finden und nutzen – ein unverzichtbares Tool für versierte Käufer.

Besondere Boni für Sie

Wo übernachten auf Mauritius: Der ultimative Unterkunftsführer

Mauritius ist eine Insel von unvergleichlicher Schönheit und bietet alles von ruhigen Stränden über üppige Berge, kulturelle Erlebnisse bis hin zu luxuriösen Resorts. Ob Sie ein luxuriöses Strandrefugium, eine gemütliche Budgetunterkunft oder ein umweltfreundliches Boutique-Hotel suchen – Mauritius bietet für jeden Reisenden das Richtige. Hier finden Sie Ihren umfassenden Leitfaden für die perfekte Unterkunft in diesem tropischen Paradies, einschließlich**Preise**,**Adressen**und Insider-Empfehlungen.

Luxusaufenthalte auf Mauritius: Gönnen Sie sich ultimativen Komfort

Mauritius ist bekannt für seine luxuriösen Resorts mit erstklassigem Service, atemberaubenden Ausblicken und ultimativer Entspannung. Wenn Sie höchsten Komfort suchen, werden Sie diese Unterkünfte begeistern.

1. **Royal Palm Beachcomber Luxus**

- **Preis**: Aus **800 bis 1.200 US-Dollar**pro Nacht
- **Adresse**: Royal Road, Grand Baie, Mauritius
- **Warum bleiben**: Dieses legendäre Fünf-Sterne-Resort verkörpert Eleganz und Exklusivität. An der Nordwestküste gelegen, bietet das Royal Palm opulente Suiten, gehobene Küche, ein luxuriöses Spa und einen atemberaubenden Privatstrand. Der persönliche Service des Resorts sorgt dafür, dass Ihr Aufenthalt ganz auf Ihre Bedürfnisse zugeschnitten ist, was es zur ersten Wahl für Hochzeitsreisende und Luxusreisende macht. Das Resort bietet außerdem eine Reihe von Wassersportaktivitäten, darunter private Yachtcharter und Kitesurfen.

2. **Das St. Regis Mauritius Resort**
    - **Preis**: Aus **700 bis 1.500 US-Dollar**pro Nacht
    - **Adresse**: Die Morne-Halbinsel, Mauritius

- **Warum bleiben**: Am Fuße des UNESCO-geschützten Le Morne Mountain gelegen, bietet das St. Regis einen ruhigen, abgeschiedenen Aufenthalt mit luxuriösen Annehmlichkeiten. Die Zimmer spiegeln die reiche Geschichte der Insel wider und bieten eine private Lagune, einen einzigartigen Butlerservice, Gourmet-Restaurants und großzügige Villen mit Tauchbecken. Perfekt für einen erholsamen Rückzugsort mit erstklassigen Einrichtungen, darunter ein Spa und ein Golfplatz.

3. ***LUX Le Morne***

- **Preis**: Aus **450–850 $**pro Nacht
- **Adresse**: Die Morne-Halbinsel, Mauritius
- **Warum bleiben**: Dieses luxuriöse Refugium an der Südküste verbindet natürliche Schönheit mit modernem Luxus. Das LUX* Le Morne bietet geräumige Suiten und private Villen, hervorragende Restaurants, ein Spa und Wassersportmöglichkeiten wie

Kitesurfen und Windsurfen. Das Resort ist ideal für alle, die Entspannung und Abenteuer suchen, und bietet direkten Zugang zu einem der berühmtesten Strände der Insel.

4. **Das Four Seasons Resort Mauritius at Anahita**
    - **Preis**: Aus **800 bis 1.200 US-Dollar**pro Nacht
    - **Adresse**: Beau Champ, Mauritius
    - **Warum bleiben**: An der Ostküste der Insel gelegen, bietet das Four Seasons at Anahita ein außergewöhnliches Erlebnis mit luxuriösen Villen inmitten üppiger Vegetation. Das Resort bietet exklusiven Strandzugang, private Pools, einen Golfplatz und Wassersportaktivitäten wie Schnorcheln und Segeln. Es ist ein Paradies für alle, die absolute Entspannung mit unvergleichlichem Service suchen. Der Fokus auf Privatsphäre und Luxus macht das Resort zu einer der besten Optionen für Paare und Familien.

5. **Shangri-Las Le Touessrok Resort & Spa**
   - **Preis**: Aus **600 bis 1.100 US-Dollar**pro Nacht
   - **Adresse**: Trou d'Eau Douce, Mauritius
   - **Warum bleiben**: Ein atemberaubendes Strandresort, das Ruhe und Luxus perfekt vereint. Shangri-La's Le Touessrok bietet geräumige Zimmer mit Meerblick, direkten Zugang zu einer Privatinsel und eine Vielzahl an Restaurants. Das Resort ist ideal für Entspannung und Abenteuer und bietet ein Spa mit umfassendem Service, einen Golfplatz und zahlreiche Wassersportmöglichkeiten.

Erschwingliche und budgetfreundliche Aufenthalte auf Mauritius

Wenn Sie die Schönheit von Mauritius erleben möchten, ohne Ihr Budget zu sprengen, gibt es zahlreiche tolle, preisgünstige Unterkünfte. Diese Unterkünfte bieten ein fantastisches Preis-Leistungs-Verhältnis, ohne Kompromisse bei der Qualität einzugehen.

1. **Sands Suites Resort & Spa**
   - **Preis**: Aus **150–250 US-Dollar**pro Nacht
   - **Adresse**: Flic en Flac, Mauritius
   - **Warum bleiben**Dieses Strandresort bietet eine ausgewogene Mischung aus Luxus und erschwinglichem Preis. Die Sands Suites verfügen über zahlreiche Annehmlichkeiten, darunter ein Spa, einen Außenpool und Wassersportaktivitäten. Dank der Lage am wunderschönen Strand von Flic en Flac können Gäste die atemberaubende Küste genießen, ohne die hohen Preise eines Luxusresorts zahlen zu müssen. Perfekt für Familien und Paare, die Komfort und Bequemlichkeit suchen.
2. **La Pirogue Hotel**
   - **Preis**: Aus **120–180 $**pro Nacht
   - **Adresse**: Wolmar, Flic en Flac, Mauritius
   - **Warum bleiben**: La Pirogue ist ein charmantes Mittelklassehotel im dörflichen

Stil. Diese preisgünstige Unterkunft bietet direkten Strandzugang, geräumige Zimmer und eine Vielzahl von Aktivitäten wie Volleyball, Angeln und Radfahren. Ideal für alle, die einen entspannten und familienfreundlichen Aufenthalt wünschen, liegt La Pirogue in unmittelbarer Nähe zu lokalen Märkten und Sehenswürdigkeiten.

3. **Merville Beach Hotel**
    - **Preis**: Aus **100–150 US-Dollar**pro Nacht
    - **Adresse**: Trou aux Biches, Mauritius
    - **Warum bleiben**: Merville Beach ist eine ausgezeichnete Wahl für preisbewusste Reisende und bietet einfachen Zugang zu einem der schönsten Strände der Insel. Das Hotel bietet einfache, aber komfortable Unterkünfte mit hervorragenden Annehmlichkeiten wie Außenpool, Bar und Restaurant. Gäste können die lokale Kultur mit nahegelegenen Sehenswürdigkeiten und

Aktivitäten in entspannter, charmanter Umgebung genießen.

4. **Die Residenz Mauritius**

   - **Preis**: Aus **180–250 $**pro Nacht
   - **Adresse**: Belle Mare, Mauritius
   - **Warum bleiben**: Die Residence bietet eine günstigere Alternative im gehobenen Viertel Belle Mare. Mit seiner Architektur im Kolonialstil und dem Strandzugang bietet dieses Hotel ein hervorragendes Preis-Leistungs-Verhältnis. Es bietet sowohl familien- als auch erwachsenenfreundliche Dienstleistungen und eine ruhige Atmosphäre mit Wasseraktivitäten, einem Spa und gehobener Küche.

5. **Der schöne Rodriguan**

   - **Preis**: Aus **60–100 $**pro Nacht
   - **Adresse**: Rodrigues Island, Mauritius

- **Warum bleiben**Für alle, die ein authentisches und preisgünstiges Erlebnis suchen, ist Rodrigues Island der perfekte Zufluchtsort. La Belle Rodriguaise bietet gemütliche Zimmer mit heimeliger Atmosphäre – ideal für Reisende, die die Naturschönheiten, ruhigen Strände und die lokale Kultur der Insel zu einem erschwinglichen Preis erkunden möchten. Dieses Gästehaus bietet einen einfachen, entspannten Aufenthalt in abgeschiedener Umgebung.

Umweltfreundliche und Boutique-Aufenthalte

Für diejenigen, die einen persönlicheren, umweltbewussteren Aufenthalt bevorzugen, bietet Mauritius auch eine Reihe von**Boutique-Hotels** Und **umweltfreundliche Resorts**. Diese Unterkünfte konzentrieren sich auf Nachhaltigkeit, lokale Kultur und eine tiefere Verbindung zur Natur und bieten gleichzeitig ein einzigartiges Erlebnis.

1. **Tekoma Boutique Hotel**

- **Preis**: Aus **100–150 US-Dollar**pro Nacht
- **Adresse**: Rodrigues Island, Mauritius
- **Warum bleiben**: Tekoma, ein umweltfreundliches Boutique-Hotel auf der Insel Rodrigues, bietet ein nachhaltiges Erlebnis mit minimalistischem Luxus. Das Hotel ist so gestaltet, dass es sich in die Umgebung einfügt und bietet lokal bezogene Materialien, umweltfreundliche Verfahren und einen wunderschönen Blick auf den Indischen Ozean. Perfekt für Reisende, die umweltbewusste Unternehmen unterstützen und gleichzeitig das ruhige Inselleben genießen möchten.

2. **Die Ravenala-Einstellung**

   - **Preis**: Aus **250–400 $**pro Nacht
   - **Adresse**: Balaclava, Mauritius
   - **Warum bleiben**Dieses umweltbewusste Hotel bietet ein nachhaltiges Urlaubserlebnis in luxuriöser Atmosphäre. Das Ravenala

Attitude bietet verschiedene Zimmer mit Fokus auf mauritischer Kultur und lokaler Handwerkskunst. Das Resort legt Wert auf umweltfreundliche Praktiken und unterstützt Gemeinschaftsprogramme. Damit ist es ideal für alle, die einen positiven Beitrag leisten und gleichzeitig das Beste der Insel genießen möchten.

Die Wahl der richtigen Unterkunft

Egal, ob Sie für einen luxuriösen Kurzurlaub, eine abenteuerliche Reise oder einen preisgünstigen Aufenthalt hier sind, Mauritius bietet eine unglaubliche Auswahl an Möglichkeiten. Von den atemberaubenden Stränden von**Le Morne** Und **Schönes Meer**zur lebendigen Kultur in**Port Louis**und die friedliche, abgeschiedene Umgebung auf**Insel Rodrigues**Hier finden Sie den perfekten Ort für einen unvergesslichen Aufenthalt. Die richtige Unterkunft kann Ihren Aufenthalt auf Mauritius entscheidend prägen. Nehmen Sie sich also Zeit und wählen Sie eine Unterkunft, die zu Ihrem Stil, Ihren Vorlieben und Ihrem Budget passt.

Mauritius-Reiseroute für jeden Reisetyp

Mauritius ist ein Reiseziel mit vielfältigen Erlebnissen, von atemberaubenden Stränden über üppige Berge bis hin zu lebendigen kulturellen Attraktionen. Ob Abenteuerlustiger, Kulturliebhaber, Feinschmecker oder Erholungssuchender – diese Insel hat für jeden etwas zu bieten. Hier sind fünf**perfekt ausgearbeitete Reiserouten**für verschiedene Arten von Reisenden, damit Sie Ihre Zeit auf Mauritius optimal nutzen können.

1. Der Abenteuersuchende: Eine 4-tägige, aufregende Reiseroute

Tag 1: Erkunden Sie den Black River Gorges Nationalpark

- **Morgen**: Beginnen Sie mit einer Wanderung durch**Black River Gorges Nationalpark**, ein Paradies für Outdoor-Liebhaber. Genießen Sie die Wanderwege, die Sie durch tropische Wälder und vorbei an Wasserfällen führen. Halten Sie unbedingt an**Alexandra Falls**für eine atemberaubende Aussicht.

- **Nachmittag**: Gehen Sie zu**Chamarel**für einen Besuch der**Siebenfarbige Erde**, ein Naturphänomen, das jeder Abenteurer gesehen haben muss. Vergessen Sie nicht, einen kurzen Ausflug nach**Chamarel-Wasserfall**.

- **Abend**: Rückkehr zu Ihrem Resort in**Flic en Flac**und genießen Sie einen Sundowner am Strand.

Tag 2: Entdecken Sie Le Morne und Kitesurfen

- **Morgen**: Gehen Sie zu**Le Morne**, ein UNESCO-Weltkulturerbe und das Zentrum des Wassersports auf Mauritius. Mieten Sie ein Kiteboard und probieren Sie Kitesurfen aus, eine der beliebtesten Wassersportarten der Insel.

- **Nachmittag**: Nach einem Wasserabenteuer wandern Sie zum Gipfel des**Le Morne Brabant**Berg mit Panoramablick auf die Insel. Es ist eine anspruchsvolle, aber lohnende Wanderung.

- **Abend**: Entspannen Sie sich in einem örtlichen Strandcafé mit atemberaubendem Blick auf den Sonnenuntergang über der Bucht.

Tag 3: Erkunden Sie die Nordküste

- **Morgen**: Beginnen Sie Ihren Tag mit einer aufregenden Katamaran-Kreuzfahrt nach**Hirschinsel**Verbringen Sie den Tag mit Schnorcheln, Parasailing oder einfach nur mit Entspannen an den unberührten Stränden der Insel.
- **Nachmittag**: Gehen Sie zu**Grand Baie**für etwas Action am Strand und Wasseraktivitäten wie**Wasserski** oder **Hochseefischen**.
- **Abend**: Entdecken Sie das Nachtleben von**Grand Baie**mit seinen lebhaften Bars und Clubs.

Tag 4: Abenteuer auf der Insel Rodrigues

- **Morgen**: Fliegen Sie nach**Insel Rodrigues**für einen Tag voller Entdeckungen. Mieten Sie ein Fahrrad und radeln Sie durch dieses unberührte Paradies. Machen Sie Halt an einsamen Stränden und Naturschutzgebieten.
- **Nachmittag**: Machen Sie eine Wanderung nach**Baumwollspitze**, wo Sie ein wunderschöner

Aussichtspunkt erwartet. Genießen Sie die ruhige Umgebung und beobachten Sie endemische Vögel.

- **Abend**: Genießen Sie ein Abendessen mit Meeresfrüchten in einem lokalen Restaurant, bevor Sie zurück zur Hauptinsel fliegen.

2. Der Kulturliebhaber: Eine 5-tägige Reise

Tag 1: Port Louis und seine reiche Geschichte

- **Morgen**: Beginnen Sie Ihr kulturelles Eintauchen mit einem Besuch in**Port Louis**, der Hauptstadt von Mauritius. Beginnen Sie am**Aapravasi Ghat**, eine UNESCO-Welterbestätte, die die Geschichte der Vertragsarbeiter erzählt, die nach Mauritius kamen.

- **Nachmittag**: Entdecken Sie die**Zentralmarkt**für lokales Kunsthandwerk, Gewürze und frische Produkte. Spazieren Sie durch die**Blue Penny Museum**um mehr über die koloniale Vergangenheit der Insel zu erfahren.

- **Abend**: Genießen Sie ein traditionelles mauritisches Abendessen in einem der lokalen Restaurants in der

Nähe des**Caudan-Uferpromenade**, mit Blick auf den Hafen.

Tag 2: Historische Sehenswürdigkeiten im Süden

- **Morgen**: Machen Sie einen Ausflug nach**Mahébourg**, wo Sie die**Nationales Geschichtsmuseum**und erfahren Sie mehr über die Kolonialgeschichte der Insel. Besuchen Sie die nahegelegene**Reiherinsel**, ein Naturschutzgebiet, das Einblicke in die einheimische Flora und Fauna von Mauritius bietet.

- **Nachmittag**: Besuchen **Schloss Labourdonnais**, ein wunderschön restauriertes Herrenhaus aus der Kolonialzeit, das die reiche Geschichte der Zuckerplantagen der Insel zeigt.

- **Abend**: Genießen Sie ein Abendessen in einem lokalen Restaurant mit traditioneller kreolischer Küche, wo Sie Gerichte probieren können wie**Puri-Puppe** Und **Fisch-Vindaye**.

Tag 3: Kulturelles Eintauchen auf der Insel Rodrigues

- **Morgen**: Fliegen Sie nach**Insel Rodrigues**, wo Sie die einzigartige kreolische Kultur der Insel erkunden können. Besuchen Sie die**Kartoffelhöhlen**um einen Einblick in das traditionelle Leben und Erbe zu erhalten.

- **Nachmittag**: Machen Sie einen Spaziergang durch die malerische Stadt**Port Mathurin**, lernen Sie die Traditionen, Musik und Kunst der Insel kennen.

- **Abend**: Erleben Sie eine Mahlzeit im Rodrigues-Stil in einem lokalen, familiengeführten Restaurant und genießen Sie frische Meeresfrüchte und traditionelle mauritische Aromen.

Tag 4: Besuchen Sie die Hindutempel und das Grand Bassin

- **Morgen**: Erkunden **Grand Bassin**, der heilige See in den Bergen, der mehrere Hindutempel und Statuen beherbergt. Es ist ein friedlicher Ort, der Einblicke in die spirituelle Seite der Insel bietet.

- **Nachmittag**: Besuchen Sie weiter**Triolet Shivala**, der längste Hindutempel auf Mauritius, und**Sir**

Seewosagur Ramgoolam Botanischer Gartenwegen seiner reichen Geschichte und Pflanzenarten.

- **Abend**: Erleben Sie eine kulturelle Darbietung mit traditioneller mauritischer Musik und Tänzen.

Tag 5: Tauchen Sie ein in das lokale Dorfleben

- **Morgen**: Besuchen Sie ein kleines Dorf in der Nähe**Curepipe**, wo Sie lokale Handwerksbetriebe erkunden und Handwerkern bei der Arbeit zusehen können. Beobachten Sie, wie sie handgefertigte Textilien, Töpferwaren und Schmuck herstellen.

- **Nachmittag**: Gehen Sie zum**Naturpark Tal der Farben**, wo Sie eine kulturelle Tour zu den einzigartigen geologischen Formationen der Region sowie ihrer lebendigen Flora genießen können.

- **Abend**: Beenden Sie Ihre kulturelle Reise mit einem mauritischen Abendessen in einem lokalen Restaurant mit**Rougaille** Und **Chilikuchen**.

3. Der Feinschmecker: Eine 4-tägige kulinarische Reise

Tag 1: Mauritius Street Food Tour

- **Morgen**: Beginnen Sie Ihren Tag mit der Verkostung traditioneller Straßengerichte in**Port Louis**Nicht verpassen**Puri-Puppe**(Fladenbrot gefüllt mit Linsen),**Chilikuchen**(würzige Linsenkuchen) und**umgestürzte Schüssel**(gebratener Reis nach mauritischer Art).
- **Nachmittag**: Besuchen Sie die**Zentralmarkt**frische Zutaten und lokale Gewürze wie**Vanille** Und **Nelken**. Besuchen Sie ein lokales Café für**brot**gefüllt mit gewürztem Gemüse.
- **Abend**: Erleben Sie ein Abendessen mit Meeresfrüchten im**Der Schlosstisch** In **Moka**, bekannt für seine Platten mit frischem Fisch und Meeresfrüchten.

Tag 2: Gewürze und süße Köstlichkeiten

- **Morgen**: Besuchen Sie eine**Gewürzplantage**im Süden der Insel, wo Sie frisches**Vanille**,**Zimt**, Und **Kardamom**. Erfahren Sie mehr über ihren Anbau und ihre historische Bedeutung in der Küche von Mauritius.

- **Nachmittag**: Besuchen Sie die**Mauritius Culinary Institute** In **Rosenhügel**für einen Kochkurs, der Ihnen beibringt, wie man**Mauritius-Curry**,**Rougaille**, Und **Fisch-Vindaye**.

- **Abend**: Genießen Sie ein Dessert im Zuckerrohrstil bei**The Suffren Hotel**, wo lokale Zutaten zu exquisiten Gerichten verschmelzen.

Tag 3: Frische Meeresfrüchte und gehobene Küche

- **Morgen**: Gehen Sie zu**Grand Baie**, wo Sie frisch gefangenen Fisch genießen können**Grand Baie Seafood Market**.

- **Nachmittag**: Buchen Sie ein**Bootsfahrt zur Île aux Cerfs**, wo Sie ein BBQ im Inselstil mit gegrilltem Fisch genießen können,**Thunfischsalat**und tropische Früchte.

- **Abend**: Speisen Sie im**Das Schloss meiner Sehnsucht**, ein gehobenes Restaurant mit französisch-mauritischen Fusionsgerichten, die das vielfältige kulinarische Erbe der Insel widerspiegeln.

Tag 4: Genießen Sie mauritisches Gebäck und lokale Aromen

- **Morgen**: Entdecken Sie die Bäckereiszene in**Curepipe**, wo Sie finden**Schokoladenbrot,wird getan**(mauritisches Fladenbrot) und**Kartoffelkuchen**(Süßkartoffelkuchen).

- **Nachmittag**: Genießen Sie das Mittagessen im**Der Teller des Küchenchefs**, eine Institution in**Port Louis**, serviert traditionelle mauritische Eintöpfe und scharfe Currys.

- **Abend**: Beenden Sie Ihre kulinarische Reise mit einem traditionellen**Mauritius-Buffet-Abendessen** bei **Der Touessrok**, das eine große Auswahl an lokalen Gerichten in einer wunderschönen Strandlage bietet.

4. Der Naturliebhaber: Eine 5-tägige Ökotourismus-Reiseroute

Tag 1: Black River Gorges Nationalpark

- **Morgen**: Beginnen Sie Ihre Reise bei**Black River Gorges Nationalpark**, wo Sie durch dichte Wälder und vorbei an rauschenden Wasserfällen wandern. Besuchen Sie**Alexandra Falls**für einen unglaublichen Blick auf das üppige Tal.

- **Nachmittag**: Erkunden Sie die vielfältige Flora und Fauna des Parks und halten Sie Ausschau nach seltenen Arten wie dem**Mauritiusturmfalke**.

- **Abend**: Genießen Sie ein Abendessen in einem lokalen Öko-Resort in**Schöne Schatten**, das Bio-Gerichte aus regionalen Produkten anbietet.

Tag 2: Île aux Aigrettes und Naturschutzgebiete

- **Morgen**: Machen Sie eine Bootsfahrt nach**Reiherinsel**, ein geschütztes Naturschutzgebiet, Heimat endemischer Wildtiere wie der**Mauritius-Sperling**und Riesenschildkröten.

- **Nachmittag**: Besuchen Sie die**Mauritius Wildlife Foundation**um mehr über die Naturschutzbemühungen auf der Insel zu erfahren.

- **Abend**: Genießen Sie ein**vom Erzeuger auf den Tisch**Abendessen in einem umweltfreundlichen Resort im Süden der Insel.

Tag 3: Besuchen Sie den Chamarel-Wasserfall und die Gärten

- **Morgen**: Besuchen **Chamarel-Wasserfall**, einer der höchsten Wasserfälle auf Mauritius, gefolgt von einem Spaziergang durch die**Chamarel-Naturschutzgebiet**um endemische Pflanzen zu erforschen.
- **Nachmittag**: Schauen Sie vorbei**Siebenfarbige Erde**, ein Naturphänomen, bei dem die Erde ihre Farben ändert und so eine surreale Landschaft entsteht.
- **Abend**: Genießen Sie das Abendessen im**Rumerie de Chamarel**, eine Rumbrennerei, die eine Verkostung von lokal hergestelltem Rum aus Bio-Zuckerrohr anbietet.

Tag 4: Umweltfreundlicher Aufenthalt auf der Insel Rodrigues

- **Morgen**: Fliegen Sie nach**Insel Rodrigues**, ein ruhiges und umweltfreundliches Reiseziel. Erkunden Sie die unberührten Strände und Naturschutzgebiete der Insel.

- **Nachmittag**: Besuchen Sie die**Naturschutzgebiet Rodrigues**, Heimat endemischer Vögel und einzigartiger Pflanzenarten.

- **Abend**: Übernachten Sie in einer Öko-Lodge oder einem Boutique-Hotel, das nachhaltige Praktiken und Zutaten aus der Region anbietet.

Tag 5: Wandern und Wildtiere auf der Île aux Serpents

- **Morgen**: Machen Sie eine Bootsfahrt nach**Schlangeninsel**, eine unbewohnte Insel, auf der Sie seltene Pflanzen- und Vogelarten finden.

- **Nachmittag**: Verbringen Sie den Nachmittag mit einer Wanderung rund um die Insel und erkunden Sie ihre natürliche Schönheit.

- **Abend**: Kehren Sie zum Festland zurück und entspannen Sie sich in einem Rückzugsort in der

Natur und genießen Sie einen ruhigen Abend unter den Sternen.

5. Der Familienreisende: Eine 5-tägige familienfreundliche Reiseroute

Tag 1: Flic en Flac und Familienstrandtag

- **Morgen**: Verbringen Sie den Tag im**Flic en Flac**, einer der familienfreundlichsten Strände von Mauritius. Das flache Wasser ist ideal zum Spielen für kleine Kinder.

- **Nachmittag**: Machen Sie eine Bootsfahrt nach**Benitiers-Insel**, wo Sie schnorcheln und ein Picknick am Strand machen können.

- **Abend**: Speisen Sie in einem familienfreundlichen Strandrestaurant, das Meeresfrüchte und traditionelle Gerichte aus der Region anbietet.

Tag 2: Casela World of Adventures

- **Morgen**: Besuchen **Casela Welt der Abenteuer**, ein Wildpark, der eine Reihe von Aktivitäten anbietet, darunter Safarifahrten, Seilrutschen und Interaktionen mit Tieren.

- **Nachmittag**: Nehmen Sie sich Zeit, die Abenteuerpfade und Spielbereiche für Kinder des Parks zu erkunden.

- **Abend**: Kehren Sie für ein entspanntes Abendessen ins Hotel zurück und genießen Sie die Möglichkeit, im Familienstil zu speisen.

Tag 3: Besuchen Sie Grand Baie

- **Morgen**: Machen Sie einen Ausflug nach**Grand Baie**zum Shoppen und Sightseeing. Die**Grand Bay La Croisette**Das Einkaufszentrum bietet zahlreiche familienfreundliche Einkaufsmöglichkeiten.

- **Nachmittag**: Erkunden Sie den Strand und genießen Sie Wasseraktivitäten wie Paddleboarding und Kajakfahren.

- **Abend**: Verwöhnen Sie Ihre Familie mit einem Abendessen in einem lokalen Fischrestaurant am Strand.

Tag 4: Besuchen Sie den Botanischen Garten Sir Seewoosagur Ramgoolam

- **Morgen**: Entdecken Sie die**Sir Seewosagur Ramgoolam Botanischer Garten**, einer der schönsten Gärten der Insel. Die Kinder können Riesenschildkröten und exotische Pflanzen beobachten.
- **Nachmittag**: Besuchen Sie die**Grapefruits**Gegend für weitere kulturelle Erkundungen und zum Entspannen in den örtlichen Parks.
- **Abend**: Genießen Sie im Hotel ein familienfreundliches Abendbuffet mit einer Auswahl an internationalen und lokalen Gerichten.

Tag 5: Entspannender Tag in Belle Mare

- **Morgen**: Verbringen Sie einen entspannten Tag im**Schönes Meer**Strand. Lassen Sie die Kinder im Sand spielen, während Sie in der Sonne entspannen.

- **Nachmittag**: Gehen Sie zum**Long Beach Golf & Spa Resort**, wo Familien eine Spa-Sitzung genießen oder einfach am Pool entspannen können.
- **Abend**: Genießen Sie ein besonderes Familienessen im Resort, komplett mit Kindermenü und Familienaktivitäten.

Printed in Poland
by Amazon Fulfillment
Poland Sp. z o.o., Wrocław

55052327R00146